Huw a'r Adar Aur

Marion Eames

GOMER

Argraffiad cyntaf — Chwefror 1987

ISBN 0 86383 301 2

© Marion Eames, 1987

Cyhoeddwyd dan gynllun comisiynu'r Cyngor Llyfrau Cymraeg.

Dymuna'r cyhoeddwyr gydnabod cymorth a chyfarwyddyd Adrannau'r Cyngor Llyfrau Cymraeg a noddir gan Gyngor Celfyddydau Cymru.

Argraffwyd gan J. D. Lewis a'i Feibion Cyf., Gwasg Gomer, Llandysul, Dyfed

Dymunaf ddiolch i'r naturiaethwyr Ted Breeze Jones a Twm Elias am eu cymorth parod, ac i Dylan Williams a Nesta Wyn Jones o'r Cyngor Llyfrau Cymraeg am eu hamynedd a'u gofal.

1

'Huw! Sawl gwaith rhagor sy raid i mi ddeud—Cer o dan draed!'

Trodd Huw i syllu ar y dyn oedd yn awr yn dad gwyn iddo; roedd yn ei gasáu â chas perffaith. Yr oedd ei fam yn gwenu'n ansicr, cystal â dweud, 'Dim ond plentyn ydi o, Medwyn. Treiwch ddeall eich gilydd, da chi.' Ond roedd y dyn wedi mynd yn ôl ar ei liniau ac ymlaen â'r gorchwyl o osod carped ar lawr y bar.

'Beth am fynd am dro bach i fyny'r cwm?' hanner sibrydodd ei fam.

'Dw i 'di bod.'

'Twt! Roeddet ti'n dy ôl cyn i ti gychwyn, bron.'

'Dewch *chi* efo mi, 'ta.'

'Ti'n gwbod na fedra i ddim, cyw. Bydd y bar yn agor ymhen hanner awr, a rhaid i mi helpu . . . dy dad.' Oedodd eiliad cyn dweud y ddau air olaf.

'Dydi o ddim yn dad i mi. Mae 'nhad *i* yn Llundain!'

'Huw —!'

Llanwyd wyneb llwyd ei fam â gwrid poeth. Cododd Medwyn ar ei draed yn araf fel pe bai am ddweud rhywbeth, ond yr oedd Huw wedi rhedeg allan o'r dafarn a'i wyneb yn fflamgoch. Allai o byth, byth alw 'Dad' ar y dyn hwnnw, fo â'i sbectol hanner-gwydrau a'i draethu diddiwedd am 'ddisgyblaeth'. Ciciodd garreg nes bod ei droed yn brifo drwy ei esgid.

'Huw! Paid â rhedeg i ffwrdd felna.'

Yr oedd ei fam wedi'i ddilyn allan i'r maes parcio wrth ymyl y Carw Du. Ni allai Huw edrych arni, ond gwyddai'n iawn am y llinellau newydd rhwng ei haeliau ac am y dagrau parod yn ei llygaid. Nid oedd hi lawer mwy na Huw o ran taldra, ac yr oedd y blynyddoedd diwethaf yma wedi ei theneuo yn ddirfawr.

'Gwranda, cyw. Wnei di ddim *treio* bod yn ffrindia efo Medwyn?'

Nid atebodd Huw, dim ond rhythu'n bwdlyd ar y danadl poethion ar gyrion y maes parcio. Daeth ei fam yn nes ato.

'Dw i'n gwybod yn iawn fod gen ti hiraeth am dy dad. Ond mae 'na adegau mewn bywyd pan mae'n rhaid i ni dderbyn petha fel y maen nhw, wy'st ti.'

'Dydi o ddim yn dad i mi.' Yr oedd llais Huw'n isel ac yn ffyrnig.

Ochneidiodd Elen Hywel. 'Nac ydi. Reit. Medwyn ydi o, ac mae o'n ŵr i mi.'

Daeth tinc caletach i'w llais. 'Rhaid i ti ddysgu derbyn fod dy dad wedi ein gadael ni ers tro, bod gynno fo wraig arall a theulu arall erbyn hyn. Medwyn ydi 'ngŵr i rŵan, ac mae o'n garedig ac yn ein caru ni'n dau.'

Rhoddodd Elen ei breichiau am ei mab. '*Treia* , was bach.'

Ond daliai ef i sefyll fel pren. 'Pam oedd o'n gwneud i ni ddŵad i'r twll lle 'ma? Roedden ni'n hapus yng Nghaerdydd.'

Atebodd Elen yn ddistaw. 'Amryw o resymau. Dydi bywyd ysgolfeistr ddim yn fêl i gyd y dyddie hyn, wy'st ti. Ac mae Medwyn yn gyfarwydd â'r ardal 'ma, ac mi ddoth y dafarn ar y farchnad.'

Chwifiodd ei dwylo'n ddiamcan. Roedd hi wedi bod dros hyn gyda Huw o'r blaen, ond yr oedd peth o ystyfnigrwydd ei dad yn y bachgen ac yr oedd wedi gwrthod derbyn. Trueni hefyd fod Medwyn ei hun, yn y ffordd yr oedd yn trin y bachgen, yn methu anghofio iddo fod yn ysgolfeistr.

Rhedodd ei llaw drwy ei gwallt anniben mewn ystum o anobaith. Yr oedd ganddi ormod i'w wneud i fod yn dal pen rheswm fel hyn.

'Cer di am dro bach ac fe gawn ni ginio cynnar.'

Gwyliodd Huw hi'n mynd yn ôl i'r dafarn. Unwaith yr oedd hi o'i olwg, dechreuodd grwydro'n araf tua'r ffordd fawr. Safodd yno'n betrusgar ac edrych o'i gwmpas.

Gelli Garw. Roedd yn gas ganddo'r enw. Swniai'n galed ac yn oer. Mi fuo fo'n hapus yng Nghaerdydd gyda Meilir a Tomos a Gwil, y pedwar ohonynt newydd ddechrau yn Ysgol Glantâf yr hydref diwethaf. Ond rŵan byddai'n rhaid iddo deithio rhyw ugain milltir i'r ysgol newydd, i ysgol nad oedd Huw ddim hyd yn oed wedi'i gweld, oherwydd bu'r mudo yn ystod gwyliau'r Pasg.

Chwipiai gwynt Ebrill cynnar yn oer yn erbyn ei ruddiau a dod â rhagor o ddagrau i'w lygaid. Nofiai'r cymylau ar draws yr awyr las, glir ac yr oedd y bryniau uchel y tu ôl iddo yn finiog ac yn fygythiol. Ar gopâu'r rhai uchaf gorweddai gorchudd o eira'r gaeaf.

Daeth ofn drosto. Bachgen y dref oedd ef. Nid oedd yn hoffi'r wlad. Lle dieithr ac unig oedd y wlad iddo.

Cerddodd yn anfodlon ar hyd y ffordd heibio i res fach o dai. Disgleiriai paent gwyn newydd ar ffenestri'r pedwar cyntaf. Craffodd Huw arnynt yn chwilfrydig. Tybed a fyddai plant yn dod yno i aros, weithiau? Rhyw fachgen, efallai, a fyddai'n gwmni iddo i fynd i ar-chwilio'r hen fwynfeydd yn ymyl? Ond yr oedd y llenni wedi eu tynnu, mis Ebrill yn rhy gynnar i bobl y tai haf. Gwyddai Huw mai hen bobl oedd yn trigo yn y ddau dŷ pen, tai llawer mwy llym eu golwg, ond yr oedd mwg yn chwyrlïo i fyny o'r simneiau ac yn eu gwneud nhw'n llawer mwy cartrefol, rywsut.

Yr oedd ei fam wedi dweud y câi Meilir ddod i aros yn ystod gwyliau'r haf pan fyddent wedi setlo i lawr, ond yr oedd amser hir tan hynny, a beth oedd o, Huw, yn mynd i'w wneud â'i hun yn y cyfamser? Y cyfan oedd yn y pentre hwn oedd deuddeg tŷ (doedd o ddim yn cyfri'r bythynnod yma ac acw ar lethrau'r mynyddoedd), capel, ysgol gynradd hen-ffasiwn a swyddfa bost gwerthu-popeth. Dyna i gyd.

O! Mam, ochneidiai am y canfed tro, pam oedd raid i chi briodi Medwyn Hywel?

Trodd i fyny'r llwybr cul a arweiniai i ben un o'r clogwyni. Tyfai drain duon yn glystyrau ar bob ochr ac yma ac acw roedd y coed cyll wedi dechrau blaguro. Torrodd Huw ddarn o bren collen a'i ddefnyddio fel ffon. Teimlai'n ddewrach felly.

Yr oedd wedi dod o hyd i'r ffordd hon ddeuddydd yn ôl, y tro cyntaf iddo fynd am dro ar ei ben ei hun ar ôl y mudo mawr o Gaerdydd. Wedi i chi ddringo'n galed am ychydig funudau roeddech chi'n cyrraedd llain wastad o laswellt a'r graig yn gysgod y tu ôl i chi. Teimlai'n well yn y fan hyn, uwchben y pentre. Gallai weld i'r gorllewin agored a'r addewid yno am y môr, yn lle'r hen fryniau ysgythrog tywyll yma a oedd yn barod i gau amdano.

Aeth ar ei fol a chraffu i'r pellter. Fo oedd Clint Eastwood, ac i lawr y cwm yr oedd mintai o filwyr

Americanaidd yn marchogaeth tuag ato yn eu lifrau glas a'u botymau aur yn sgleinio yn yr haul.

Brr-brr-brr . . . Tsiw-tsiw-tsiw . . .

Dacw'r rebel yn syrthio oddi ar ei farch a'i freichiau yn yr awyr.

Brr-brr. Brr-brr. Dau arall. Y milwyr yn simsanu, yn methu deall o ble y daw'r saethau sicr, union.

Tsiw-tsiw . . . Maen nhw'n dechrau chwalu. Yn troi eu meirch. Yn cilio'n ôl i'r mynyddoedd . . .

Cododd Huw ar ei eistedd. Doedd dim llawer o hwyl i'w gael wrth chware fel hyn ar eich pen eich hyn. Tasai Meilir yma . . .

Ac yna fe welodd rywbeth rhyfeddol. O un o'r coed uwchben yr hen fwynfeydd cododd aderyn anferth. Gleidiai'n rhwydd dros y cwm, ei adenydd llydain fel bysedd mawr, agored, yn symud gyda rhithm cyson, a'i gynffon yn fforchog fel cynffon pysgodyn a honno'n troi fel llyw llong. Pig ddulas oedd ganddo, a'i bôn yn felyn, fel ei goesau. Yn sydyn, fflachiodd rhyw wawr goch wrth i'r haul oleuo ei blu.

Nid oedd Huw wedi gweld dim prydferthach yn ei fywyd. Hofrai'r aderyn yn yr awyr ar adenydd onglog. Ar amrantiad, gyda gweryriad gwichlyd, yr oedd wedi gwneud tro bwa a phlymio i lawr i'r ddaear fel saeth. Aeth o'r golwg ac ar unwaith heidiodd ugeiniau o adar bach i'r awyr, eu hadenydd yn curo'n wyllt.

Ni wyddai Huw fawr ddim am adar. Yng Nghaerdydd doeddech chi ddim yn sylwi arnyn nhw gymaint â hynny. Ond am y tro cyntaf daeth awydd drosto i wybod beth oedd yr aderyn, ac i wybod llawer mwy amdano. Daliodd i rythu i'r pellter gan obeithio'n daer y byddai'r aderyn yn ymddangos eto, ond wnaeth o ddim.

'Mam, oes gynnoch chi lyfr ar adar?'

Chwarddodd ei fam. 'Brensiach, nac oes! Pam wyt ti'n gofyn?'

'Wedi gweld deryn mawr —'

Ond yr oedd ei fam eisoes ar ei ffordd at ei gŵr oedd yn gweithio wrth y bar. Gwaeddodd dros ei hysgwydd ar Huw,

'Paid â phigo dy fwyd rŵan. 'Sarna i ddim isio i ti fynd yn sâl yma.'

Nid oedd angen iddi boeni. Yr oedd gwynt y mynydd wedi rhoi archwaeth dda i Huw, ac yr oedd wedi llowcio'i lob-sgows mewn dim amser. Cododd oddi wrth y bwrdd yn frysiog. Yr oedd arno eisio chwilio am rywbeth.

Aeth i lofft ei fam ac agorodd y wardrob lle y cedwid dillad Medwyn. Uwchben y dillad yr oedd silff yn llawn o geriach fel plu pysgota, camera a hen esgidiau. Tynnodd Huw gadair yn nes at y wardrob a dringodd i'w phen. Estynnodd ei law i'r pen pella, ond ni allai deimlo ar unwaith yr hyn y chwiliai amdano. Cydiodd ei fysedd yn gyntaf mewn bocs o ryw fath a oedd yn cuddio'r pethau y tu ôl iddo. Tynnodd y bocs allan yn ofalus. Un derw oedd o ac yr oedd allwedd yn y clo. Ond nid am focs y chwiliai. Fe'i gwthiodd o'r neilltu a rhoi ei law yn ôl yn y cwpwrdd. A! Dyma fo. Beinociwlars.

Yn ofalus iawn, cydiodd ynddo. Hen sbienddrych oedd o, mewn bocs lledr a'r llwch yn dew arno. Wrth iddynt ddadbacio'u pethau yr wythnos cynt yr oedd Medwyn wedi dweud yn ddigon didaro mai hen un yn perthyn i'w dad oedd hwn, ac wedi 'i wthio fel yr oedd, yn ei lwch, i'r gornel bellaf hon. Teimlai Huw'n sicr felly na fyddai ots ganddo pe bai ef yn cymryd ei fenthyg.

Ond yr oedd llais bach y tu mewn iddo yn mynnu gofyn: pam felly nad wyt am ofyn caniatâd Medwyn gynta? Gwyddai'r ateb i'r cwestiwn anghysurus ar unwaith. Nid oedd am ofyn ffafr i'r dyn hwn a rhoi cyfle iddo ei wrthod.

Disgynnodd o'r gadair yn ddistaw bach a'i rhoi'n ôl yn ei lle arferol. Yna sylwodd unwaith eto ar y bocs derw a daeth chwilfrydedd drosto i wybod beth yn union oedd ynddo. Fe'i tynnodd i lawr a'i agor. Aeth ei lygaid yn grwn. Ynddo yr oedd deuddeg o wyau yn gorwedd ar ryw stwff sidan, tywyll. Yr oedd pob un wedi'i wahanu'n ofalus y naill oddi wrth y llall gan waliau bach o wadin. Darllenodd yr enwau oedd wedi'u sgrifennu'n daclus o dan bob un . . . Cudyll Bach, Mwyalchen, Titw'r Wern . . . Yr oedd pob un ohonynt yn wahanol.

Rhaid bod tad Medwyn wedi gwirioni ar adar. Piti nad oedd yn dal yn fyw iddo fedru ei holi am yr aderyn mawr.

Clywodd un o'r drysau i lawr y grisiau yn cau, ac ofnai oedi rhagor er mor ddiddorol oedd y bocs. Y gwydrau oedd ei neges yma. Rhoddodd y bocs yn ôl a chau'r cwpwrdd yn ofalus. Gwthiodd y gwydrau dan ei siersi, ond edrychai'r lwmpyn yn od iawn. Wel, doedd dim help am hynny. Gyda thipyn o lwc, byddai ei fam a Medwyn yn rhy brysur yn y bar i boeni amdano.

I lawr y grisiau ag ef a chyrraedd y drws cefn yn ddiogel. Chwipiai'r gwynt ei wyneb wrth iddo ei agor, gan ei atgoffa fod yn rhaid iddo nôl ei anorac. Clywodd leisiau'n chwerthin yn y bar, ac am funud ofnai fod Medwyn yn dod i mewn i'r gegin. Cipiodd ei got oddi ar gefn y gadair a hen sgarff wlân a oedd yn hongian wrth y drws. Câi guddio'r sbienddrych yn honno, siawns.

Whiw! Yr oedd allan ar y ffordd fawr yn ddiogel. Anadlodd yn rhydd. Trodd y tro hwn i gyfeiriad y mwynfeydd, oherwydd dyna lle y gwelsai'r aderyn yn disgyn. Byddai'n nes ato fan hyn a siawns na châi olwg iawn arno drwy'r gwydrau, os deuai i'r fei.

Nid oedd yn siŵr iawn sut i ddefnyddio'r teclyn hwn, ond roedd digon o amser ganddo i ymarfer. Dim ond un bwthyn oedd yn y golwg, rŵan, un bach diaddurn ar godiad tir, yr ochr draw i'r ffordd i'r mwynfeydd. O amgylch y bwthyn, yr oedd y glaswellt yn dechrau glasu. Mor dawel oedd pob man! Roedd y gwynt, hyd yn oed, wedi gostegu erbyn hyn. Ychydig iawn o geir a ddeuai heibio i'r pentre a dim ond sŵn tractor oedd i'w glywed draw yn y pellter. Gobeithiai Huw yn daer y byddai'n wahanol yn yr haf. Ni hoffai'r unigrwydd o gwbl.

Dadlapiodd y gwydrau o'i sgarff yn ofalus a'u hongian am ei wddf fel y bobl rhaglenni byd natur ar y teledu. Fe'i cododd at ei lygaid.

Ni allai weld dim ond niwl. Rhwng dau lygad y gwydrau yr oedd olwyn fach, a mentrodd droi ychydig ar honno. A! Roedd pethe'n gwella. Plygodd y gwydrau ychydig i ffitio ei ddau lygad. Daliodd i droi, yn ôl ac ymlaen nes bod y niwl wedi clirio'n llwyr, a gallai weld yn awr hen do sinc rhydlyd a phob carreg ar furddun un o dai allan y mwynfeydd, yn union fel petaent o dan ei drwyn. Cododd y gwydrau yn uwch, a dyna lle'r oedd

14

cangen coeden yn glir ac yn ddu, ac aderyn yn eistedd arni. Ai ei aderyn ef, tybed? Edrychai'n ddigon mawr drwy'r gwydrau, ond heb y teclyn ni allai weld nac aderyn na changen, dim ond coeden fach ar lethr uwchben y mwynfeydd. Wel, wel! Roedd y gwydrau yn rhai cryf! Gobeithiai na fyddai raid iddo aros yn hir cyn gweld ei aderyn ef.

'Hei!'

Bu bron iddo ollwng y gwydrau o'i ddwylo, gan iddo neidio cymaint. O bell y daethai'r llais cras ond roedd yn ddigon uchel i beri dychryn iddo. Daethai o'r ochr draw i'r ffordd. Ar y dechrau ni allai weld neb na dim, ond yna fe welodd hen wraig yn sefyll wrth lidiart y bwthyn, a rhyw fath o fegaffon yn un llaw a ffon yn y llall. Gwisgai gap dyn, hen facintosh laes a welingtons.

'Hei! Ti, fachgen! Dere 'ma!'

Dim peryg, meddyliodd Huw. Ni allai ddianc drwy redeg i'r ffordd fawr, oherwydd roedd yr hen wraig yn hercio tuag ato ar draws y ffordd. Doedd dim amdani ond cilio i gyfeiriad y graig, ac yna gobeithio medru cyrraedd y ffordd fawr, yn nes at y pentre. Yr oedd wedi clywed digon am wrachod yn y wlad — digon i godi gwallt ei ben. Yr oedd rhai du a rhai gwyn, a byddai'r rhai du yn berwi llyffantod mewn pair ac yn dweud swynion drwg wrth ei droi. Un ddu oedd hon, reit siŵr.

Nid oedd Huw wedi arfer dringo a llithrai'n ôl ar y cerrig a'r mwd a'r glaswellt byr, dro ar ôl tro. Yr oedd ceisio gofalu am y gwydrau yn ychwanegu at ei drafferthion. Ond yr oedd ofn wedi rhoi adenydd i'w draed. Cydiodd yn ddiolchgar yng nghangen criafolen i'w halio'i hun yn uwch. Gwelodd ffens a dwy res o weiren bigog arni, ond yr ochr draw roedd porfa defaid haws

i'w thramwyo. Rhuthrodd am y ffens a phlygu ei gorff i
ymwthio rhwng y ddwy weiren grafangus. Rhwygwyd
ei ddillad, crafwyd ei dalcen a dechreuodd gwaed tywyll
lifo'n araf ar hyd ei ddwylo.

Ond hwrê! Yr oedd drwodd, ac yn ddigon pell oddi
wrth yr hen wrach. Eisteddodd i lawr i gael ei wynt ato.
Ni allai weld y wraig na'r bwthyn o'r fan hyn. Pwy oedd
hi, tybed? A pham roedd hi'n swnio mor gas?

Ond yr oedd rhywbeth mwy yn ei boeni'n awr. Yr
oedd llawes ei anorac yn dipiau, a gwaed ei ddwylo wedi
mynd ar ei jîns. Yna waeth na ddim, yr oedd strap y bein-
ociwlars wedi torri. Dechreuodd ystyried o ddifri pa
fath o groeso a gâi gan ei fam a Medwyn yn y stad yma.

Yr oedd yn ceisio penderfynu beth oedd orau i'w
wneud pan gafodd deimlad fod rhywun neu rywbeth yn
ei wylio. Doedd bosib fod yr hen wraig wedi dringo i
fyny i'r fan hyn! Trodd ei ben yn araf i edrych y tu ôl
iddo, yn uwch i fyny'r bryn.

Yno'n sefyll yn edrych i lawr arno yr oedd llanc ifanc.
Safai yn llonydd, ei gorff fel pe bai wedi'i amlinellu â
phensal fain yn erbyn yr awyr las. Gwisgai gêr
dringo — trowsus a siaced-ddal-dŵr ac esgidiau mawr.
Roedd rhaff wedi'i lapio am ei ganol ac ar ei gefn fe
gariai hafersac fawr. Ni ddywedodd air, dim ond sefyll a
syllu. Teimlai Huw'n annifyr, a throdd ei ben yn ôl, gan
esgus edrych ar ddafad yn ymyl. O'r diwedd, gwaedd-
odd y llanc,

'Wyt ti mewn trafferth?'

Anadlodd Huw'n rhydd. Doedd dim rhaid ofni hwn.
Cododd braidd yn boenus. Nid oedd y llanc wedi
symud, felly rhaid oedd dringo i fyny ato.

'Yr hen weiren bigog — ' dechreuodd Huw eglurɔ.

'Wel, wel.' Gwenai'r llanc. 'Rwyt ti mewn tipyn o bicil, 'dwyt? Be wnei di yma, p'run bynnag? A! . . . mi wela i.'

Hoeliodd y llanc ei lygaid ar y gwydrau yn hongian o law Huw. Yr oedd y llygaid hynny yn disgleirio fel dau delpyn glo.

'Welest ti rywbeth drwy'r rheina?'

'Dd — ddim byd arbennig,' ebe Huw, yn hollol eir-wir. Doedd o ddim wedi gweld dim y pnawn yma. Yr oedd y bore yn wahanol. Rywsut, fe gâi'r teimlad y byddai'r aderyn yn peidio â bod yn perthyn iddo ef os rhannai ei wybodaeth â rhywun arall. Ceisiodd newid y sgwrs.

'Oes 'na ddŵr yma yn rhywle? Imi gael golchi'r gwaed 'ma.'

'Tyrd, mi ddangosa i iti.'

Symudodd y llanc o'i flaen ar draed cyflym a sicr. Edmygai Huw ei fedr i osgoi llithro, ac yntau, Huw, yn ei ddilyn yn drwsgl ac afrosgo. Sylwodd ar freichiau cy-hyrog y gŵr ifanc a'i ddwylo main, cryf.

Yr oeddynt wedi cyrraedd lle llawer mwy creigiog yn awr. Cyfeiriodd y llanc at ysgafell led eang ond ddigon peryglus ei golwg. O'r graig y tu ôl iddi, llifai pistyll bychan.

Ond yr oedd Huw *wedi* edrych i lawr, a chael pen-ysgafnder. Siglai ychydig ar ei draed ond yr oedd ei gyd-ymaith wedi gafael ynddo. Curai calon Huw yn gyflym. Mor hawdd fyddai plymio i lawr dros y dibyn. Caeodd ei lygaid yn dynn.

Chwarddodd y llanc, a dechrau agor ei hafersac. 'O'r gore. Aros di yma. Mi af i i wlychu'r tywel yma.'

Yr oedd fel gafr fynydd yn neidio o lecyn i lecyn. Cyn

pen dim, yr oedd yn ôl, a Huw'n cael sychu'r gwaed a'r baw oddi ar ei wyneb a'i ddwylo. Syllai'r llanc arno'n dreiddgar.

'Ifor Harri dw i. Pwy wyt ti?'

'Huw Gruffydd.'

'Byw yma?'

'Yndw.' Oedodd am eiliad cyn ychwanegu, 'Yn y Carw Du.'

'Y dafarn yn y pentre?'

'Ie.'

'Hei, dw i'n chwilio am le i aros. Ydyn nhw'n cadw ymwelwyr acw?'

Petrusodd Huw cyn ateb. 'Mae 'na un dyn yno'n barod. Ond mae 'na lofft arall. Dwn i ddim ydi hi'n dal yn wag.'

'Wyt ti'n mynd adre rŵan?'

Nodiodd Huw ei ben, gan edrych yn ofidus ar y gwydrau.

'Mi ddo i hefo ti.' Yna, chwarddodd Ifor. 'Hei, oes gen ti ofn mynd adre felna?'

'Y rhain 'di'r drwg,' ebe Huw, gan ddal y gwydrau allan.

'Wel, i ddechre, mi drwsia i'r strap 'na i ti. Ac wedyn mi eglura i dy fod ti wedi cael damwain.'

Edrychodd Huw arno'n ddiolchgar a rhoi'r gwydrau iddo. Gyda bysedd profiadol yr oedd Ifor wedi gwasgu'r strap yn ôl i'w gylch.

'Alla i wneud dim ynglŷn â dy ddillad di, ond o leia mi alla i dy arbed di rhag cael gormod o row.'

Dechreuodd hel ei bethau at ei gilydd. Paciodd ei thermos fawr, a thynnodd ei raff oddi am ei ganol a gwthio honno i'r hafersac hefyd. Synnai Huw o weld ei bod yn dal cymaint.

'Reit,' meddai Ifor. 'Lawr â ni. Mae gen i fan yn y gwaelod.'

Yr oedd y fan las, Ffordyn oedd braidd yn rhydlyd o gwmpas y drysau, wedi'i pharcio o'r golwg y tu ôl i un o'r tai allan. Gwenodd Huw ychydig wrth weld y llythrennau — HWG. Hawdd cofio'r rhif, meddyliodd, sef llythrennau cyntaf ei enw ef, Huw Wyn Griffiths. Dringodd i mewn i'r fan yn ddiolchgar oherwydd disgwyliai weld y wrach yn dod i'r golwg unrhyw funud.

Wedi cyrraedd y Carw Du, roedd wedi bwriadu sleifio i mewn drwy ddrws y gegin gefn ond, yn anffodus, safai Medwyn wrth ddrws y dafarn yn siarad â'r dyn a oedd yn lletya yno. Pan welodd yr olwg ar ei lysfab, ebychodd yn ddiflas,

'Wel, myn brain i! Lle buost ti? Yn carthu beudy?'

Yn lle ateb, meddai Huw mewn llais uchel,

'Mae fy ffrind, Ifor, yma'n chwilio am le i aros. Oes 'na le iddo fo yma?'

'O?'

Yr oedd hyn yn wahanol. Gwyddai Huw oddi wrth y diddordeb sydyn yn llygaid Medwyn ei fod o leiaf wedi llwyddo i ohirio'r drafodaeth ynglŷn â'i stad.

'Mi fydda i gyda chi nawr, syr. Ewch i mewn.'

Trodd yn ôl at y dyn arall a gorffen rhoi rhyw gyfarwyddiadau iddo.

'Os ewch chi heibio'r mwynfeydd, mi welwch arwydd llwybr cyhoeddus ar y chwith. Dw i'n meddwl mai hwnnw fydd yn mynd â chi drwy'r goedwig i ben y Darren.'

'Faint gymerith o, dach chi'n meddwl?' gofynnodd y

dyn, gan droi llygaid amheus i gyfeiriad y cymylau duon uwchben.

'O, rhyw awr, 'nôl ac ymlaen. Mae sbel go hir er pan own i'n arfer dod yma ar wylie gyda 'nhad.'

Yr oedd Ifor wedi troi'n sydyn i rythu ar y dyn arall. Gwisgai hwnnw hefyd gêr dringo, ac roedd ei holl sylw wedi'i hoelio ar fap ordnans yn ei law. Yr oedd ganddo farf denau bigfain a sbectol haul am ei drwyn, er nad oedd arwydd fod yr haul yn debyg o ymddangos y diwrnod hwnnw.

Tybiai Huw fod Ifor yn ei adnabod gan mor hir y syllodd arno, ond ni ddywedoddd ddim. Lapiodd y dyn ei fap yn daclus a'i roi yn ei hafersac.

'Gobeithio y deil hi'n braf i chi, Mr. Lomax,' galwodd Medwyn ar ei ôl a throi i roi ei sylw i'w gwsmer newydd. Llogodd yr ystafell sbâr ac archebodd bryd o ham cartre, sosej a dau wy.

'Rydw i *yn* falch i mi gwrdd â'ch mab,' meddai. 'Mae'n dda dŵad o hyd i le mor groesawgar.'

Er nad oedd yn or-hoff o'r cyfeiriad at 'y mab' teimlai Huw'n ddiolchgar iddo, oherwydd edrychai Medwyn bron yn blês ag ef. Mentrodd fanteisio ar yr awyrgylch gyfeillgar.

'Fe ddôth Ifor i fy helpu pan syrthiais i ar y weiren bigog ar y mynydd.'

Yna, ar ôl petruso ychydig, penderfynodd sôn am y gwydrau — tra oedd pawb mewn hwyliau da.

'A . . . mi gym'rais i fenthyg y gwydrau o'r cwpwrdd i fynd i sbïo ar yr adar. Oedd hynny'n ol-reit?'

Am eiliad, meddyliodd fod Medwyn yn mynd i wylltio, ond y cwbl a wnaeth oedd gwenu'n fin-gam a dweud yn ei lais sarrug, ysgolfeistraidd,

'Hwyrach y tro nesa y gwnei di ofyn yn gynta.'

Anadlodd Huw yn rhydd a diolchodd am bresenoldeb Ifor. Yr oedd geiriau Medwyn bron yn gyfystyr â rhoi caniatâd iddo fenthyg y sbienddrych eto, dim ond iddo ofyn.

Yr oedd Ifor yn ei wneud ei hun yn gartrefol wrth y tân a losgai o dan y simdde fawr.

'Fyddwch chi'n cael llawer o ymwelwyr?' gofynnodd yn sgyrsiol.

Chwarddodd Medwyn. 'Wel, i ddweud y gwir, does ond ychydig dros wythnos er pan ŷn ni yma. Mae'r gwaith yn newydd i ni, 'chi'n gweld.'

Tynnodd hanner peint o gwrw o'r tap a'i roi i Ifor. Yna ychwanegodd, 'Athro ysgol oeddwn i . . . wedi cael digon, chi'n gwybod.'

Gwenodd Ifor ei gydymdeimlad. 'Rwy'n siŵr y cewch chi hwyl arni.'

'Wel, mae'n cymryd amser i roi tipyn o sglein ar y lle 'ma. Ond rŷn ni'n gobeithio datblygu'r ochr yna i'r fusnes fel y daw'r haf.'

'Ie, mae'n debyg fod cael lojer mewn lle fel hyn ym mis Ebrill yn eitha cychwyn.' Gwenodd Ifor, yna ar ôl eiliad neu ddwy aeth ymlaen yn ddidaro. 'Y dyn arall 'na . . . un o ble 'di o?'

'Mr. Lomax? O Lundain, dw i'n meddwl.' Edrychodd Medwyn ar y llyfr ymwelwyr a orweddai ar y cownter. 'Ie, dyna chi. Llundain.'

'Roeddwn i'n teimlo 'mod i'n ei nabod o, rywsut.'

Caeodd Medwyn y llyfr ymwelwyr fel petai'n ofni iddo ddweud gormod am y naill westai wrth y llall, a newidiodd destun y sgwrs.

Yr oedd mam Huw wedi dod i mewn â hambwrdd o

fwyd blasus a chafodd ei chyflwyno i Ifor. Manteisiodd Huw ar hyn i redeg drwodd i'r gegin a dringo'r grisiau i'r llofft er mwyn medru newid ei ddillad. Rhoddodd y gwydrau yn y cwpwrdd yn ofalus. Yr oedd Ifor wedi trwsio'r strap yn rhyfeddol o gelfydd, ac ni fu raid iddo sôn wrth Medwyn am yr anffawd.

Erbyn iddo ddod i lawr, gwelodd fod Medwyn wedi ymuno ag Ifor wrth y tân. Yr oedd hwnnw'n amlwg yn cael blas ar ei fwyd ac yr oedd y ddau'n sgwrsio'n hwyliog.

Yr oedd Medwyn yn dweud, 'Wel, dw i ddim wedi cael llawer o gyfle eto i fynd i weld drosof fy hun, ond yn ôl y sôn mae'r ardal 'ma'n baradwys i adar. Dydw i'n gwybod fawr ddim amdanyn nhw fy hunan, rhaid cyfadde. Nac yn malio rhyw lawer, o ran hynny. 'Nhad oedd y dyn. Fe wydde fe enw pob un creadur pluog. Fe oedd pia'r beinociwlars 'co welsoch chi gyda Huw, gynne. Oes gyda *chi* ddiddordeb?'

Chwarddodd Ifor. 'Oes, wir. A deud y gwir, rydw i'n gwneud tipyn go lew o waith gwirfoddol dros y Gymdeithas Gwarchod Adar.'

Yr oedd Huw wedi mentro dod i eistedd gyda'r ddau arall, er nad oedd i fod i ddod i'r bar tra oedd cwsmeriaid yno. Os oedd Ifor yn gwybod llawer am adar, yr oedd ganddo gwestiwn iddo.

Torrodd ar draws Medwyn a oedd yn dweud rhywbeth am bwysigrwydd gwneud gwaith gwirfoddol o ryw fath.

'Ifor,' meddai'n gyffrous. 'Welsoch chi'r deryn mawr, mawr hwnnw? Roedd o'n hedfan ar draws y cwm yn union lle ddaru ni gyfarfod. Mi welais i o bore 'ma, ac mi es i allan i chwilio amdano fo pnawn 'ma, ond doedd o ddim yno.'

'Huw — ' dechreuodd Medwyn yn rhybuddiol, ac ofnai Huw ei fod am gael ei yrru oddi yno, ond yr oedd rhyw hanner gwên ar wyneb Medwyn wrth glywed ei frwdfrydedd.

'Aha!' ebe Ifor. 'Dyna oedd pwrpas y gwydrau, mi wela. Rown i'n amau braidd, er i ti ddweud nad oeddet ti wedi gweld dim o bwys.'

Cochodd Huw. Teimlai ei fod wedi bod braidd yn hunanol yn ceisio cuddio'r peth oddi wrth ei ffrind newydd. Ond chwerthin a wnaeth Ifor.

'Mae'n dda dy fod ti'n gallu cau dy geg pan fydd raid. Fe allen ni fod yn ddefnyddiol iawn i'n gilydd.'

Chwyddodd Huw â balchder. Yr oedd yn cael ei drin fel rhywun mewn oed. Yna cofiodd ei gwestiwn. 'Beth oedd enw'r aderyn?'

'Fedri di ei ddisgrifio'n fanwl?'

Ceisiodd Huw, ond yr oedd yn anodd.

'Roedd gynno fo gynffon debyg i wennol, ac roedd yna fflach goch wrth iddo fo hedfan a'r haul yn taro ar ei blu o, ac, wel . . . hwn oedd y deryn mwyaf i mi'i weld erioed.'

'Pa liw oedd o?'

'O, rhyw gymysgedd o ddu a melyn, ond roedd 'na goch yno'n rhywle.'

'Mi ddywedwn i mai barcud welest ti. Aderyn prin iawn, ond yn yr ardal hon mae o'n nythu. Dim ond yng Nghymru mae o i'w gael, erbyn hyn.'

'Fe ddyle hynny dynnu ymwelwyr i'r Carw Du,' meddai Medwyn gan wenu. 'Chi'n gwybod — llunie a mapie ar y walie ac yn y blaen.'

'Ar boen eich bywyd!' sibrydodd Ifor. Yr oedd y rhyb-
udd yn ei lais bron yn fygythiol.

Chwarddodd Medwyn. 'Tynnu'ch coes chi, dyna i
gyd. Bu 'Nhad yn pwysleisio digon wrtha i fod gormod
o bobl yn dychryn adar prin.'

Edrychodd Ifor yn fwy bodlon. 'Diolch byth mai chi
sy'n rhedeg y dafarn yma, Mr. Hywel, ac nid rhyw hen
bethe anwybodus o'r dre . . .'

2

Ceffyl da yw ewyllys.

Synnodd mam Huw ei weld yn codi drannoeth am
saith. Fel arfer, câi drafferth enbyd i'w ddeffro. Ond
unwaith y deuai syniad i'w feddwl, doedd byw na marw
na fyddai raid iddo fynd ati ar unwaith i wneud rhyw-
beth yn ei gylch. Yr oedd yn benderfynol yn awr o
beidio â cholli unrhyw gyfle i weld yr aderyn unwaith
eto.

Yr oedd hi'n fore mwyn, a gwyntoedd ddoe wedi
llwyr ostegu a'r haul yn creu cysgodion sy'n rhoi bywyd
i foelni bryn a maes. Wrth gamu ar hyd y ffordd tua'r
mwynfeydd, a'r gwydrau yn crogi am ei wddf, teimlai
Huw am y tro cyntaf nad oedd y lle yma'n rhy ddrwg,
wedi'r cwbl. Rhyfedd fel yr oedd rhywun yn cynefino.

Wrth fynd heibio i fwthyn yr hen wraig, taflodd
edrychiad gochelgar i'w gyfeiriad, rhag ofn i'r wrach
weiddi ar ei ôl unwaith eto. Nid oedd sôn amdani.

Ond yn sydyn, dyma sŵn cyfarth yn dod o gyfeiriad y
llwybr a arweiniai o'r bwthyn i'r ffordd fawr, a'r eiliad

nesaf yr oedd ci mawr du a gwyn wedi'i fwrw i lawr ac yn sefyll drosto yn ysgwyd ei gynffon.

'Ben! Dere 'ma'r ci drwg!'

Trodd y ci yn ufudd wrth glywed y llais a chododd Huw ar ei draed braidd yn boenus i weld geneth ifanc yn rhoi cadwyn wrth goler y ci.

'*Mae'n* ddrwg 'da fi. Ŷch chi'n iawn?'

Yr oedd hi tua'r un oed ag ef ac edrychai'n bryderus iawn. Cawsai Huw ormod o fraw i'w hateb.

'Ifanc yw e. Moyn bod yn gyfeillgar. Dŷch chi ddim gwâth, nag ŷch chi?'

Erbyn hyn yr oedd Huw'n dechrau teimlo'n ddig wrtho'i hun. Byddai hon yn meddwl mai rhyw hen Feri Jên o hogyn oedd o, a'i fod yn ofni ci.

'Na. Dw i'n iawn.' Ac eto nid oedd am fynd yn rhy agos at yr anifail. Pan gymerodd y ferch gam neu ddau tuag ato a'r ci yn ei dilyn, ni allai ei rwystro'i hun rhag camu'n ôl.

'Gorwedd, Ben!'

Ufuddhaodd y ci ar unwaith, a theimlai Huw'n fwy diogel.

'Chi'n byw 'ma, on'd ŷch chi? Wy i wedi sylwi arnoch chi'n mynd am dro.'

Edrychodd arni'n fwy manwl. Pryd golau oedd hi a'i gwallt cyrliog wedi'i dorri'n fyr, bron fel bachgen. Yr oedd ei llygaid brown fel concars, meddyliodd, ond yr oedd ei gwên yn gyfeillgar.

'Weles i monoch chi o'r blaen,' meddai.

On'd oedd o wedi dyheu am gael cwmni rhywun yr un oed ag o? Hogan oedd hi, ond roedd hynny'n well na neb.

'Lle dach chi'n byw, te?'

25

Amneidiodd y ferch at y bwthyn y tu ôl iddi.

'Fan'co. Tyddyn Cadno. 'Da Mam-gu.'

'Yr hen —?' Bu bron i Huw ddweud 'yr hen wrach' ond fe'i newidiodd ar unwaith i'r 'hen wraig'.

'O, ie, fe waeddodd ar eich ôl chi ddoe, on'd do fe?'

Oedd hi'n gwneud sbort am ei ben? Teimlodd Huw ei hun yn gwrido, ond aeth y ferch ymlaen i egluro'n frysiog.

'Mae gyda hi gymaint o ofn i rywun ddod i ddwgyd wye adar, mi fydd hi'n gweiddi ar ôl pawb sy'n mynd tua'r mwynfeydd. Mae 'da hi feinociwlars mawr, mawr,' ychwanegodd gan sbïo braidd yn feirniadol ar wydrau Huw.

'Wyau adar?' ebe Huw'n gyffrous. 'Wyau aderyn mawr? Yr un welis i ddoe?'

Diflannodd gwên chwareus y ferch ac atebodd yn ofalus,

'P'un welest ti? Mae 'na fwy nag un aderyn mawr ffor' hyn.'

'Barcud,' ebe Huw, yn falch o gael brolio ei fod yn gwybod yr enw. 'Ble mae'i nyth o?'

Nid oedd arlliw o'r wên yn awr. 'Wy i ddim i fod i weud.'

Teimlai Huw dipyn bach yn siomedig. 'Pam, felly?'

'Mae'r barcud yn brin iawn.'

'Dw i'n gwbod hynny. Dim ond yng Nghymru y bydd o'n nythu.'

Roedd yn rhaid iddo brofi iddi ei fod o'n gwybod cymaint â hithau.

'Ond, ti'n gweld, mi fydd pobol ddrwg yn dwgyd yr wye, ac weithie y cywion bach. Fydd 'na ddim ar ôl os na fyddwn ni'n 'u gwarchod nhw'n garcus.' Oedodd ychydig cyn dweud, 'Fe ddalodd Mam-gu un y llynedd.'

'Ei ddal?' Methai Huw â chadw'r syndod o'i lais. Doedd yr hen wraig ddim yn edrych yn rhyw gryf iawn. Cafodd syniad annymunol. Hwyrach ei bod hi wedi rhoi swyn ar y lleidr.

'O, nid ei ddala â'i dwylo, wy'n 'i feddwl. Ond os bydd hi'n gweld rhywbeth amheus, mae hi'n gwybod yn gywir ble i ffono, ac maen nhw'n anfon rhywun ar unweth. Dyna ddigwyddodd llynedd.'

'Pwy ddôth? Plisman?'

'Na. Dou ddyn o'r Gymdeithas Gwarchod Adar. Ond roedden nhw wedi gweud wrth yr heddlu cyn dod, ac yn y diwedd bu raid i'r lleidr fynd i'r cwrt.'

'Be ddigwyddodd iddo fo?'

'Dirwy o ganpunt.'

Chwibanodd Huw. 'Andros o lot o bres!'

Fflachiodd llygaid y ferch yn sgornllyd. 'Fe ddyle fe fod wedi cael pum gwaith cymaint. Mae pobol felny'n gwerthu'r wye am fwy na 'ny.'

'Mwy?' ebychodd Huw. ''Rargian!'

'Chwe chan punt am wye barcud. Ond ti'n gwybod faint gân nhw am gywion bach hebog tramor?'

Ysgydwodd Huw ei ben.

'Dwy fil o bunne!'

Gwelodd y ferch ei bod hi wedi gwneud argraff ddofn ar Huw, a daeth y wên yn ôl.

'Oes 'na hebog tramor yma hefyd?'

Anwybyddodd y ferch ei gwestiwn, a gofynnodd, 'Beth yw d'enw di?'

'Huw Gruffydd.'

'Catherine wy i, ond bydd fy ffrindie'n 'y ngalw i'n Cadi. Fe gei di, os ti'n moyn.'

Edrychodd y ddau ar ei gilydd a gwybod eu bod nhw'n gyfeillion. Nid Meilir oedd hon, ond fel hogan, doedd hi ddim yn ddrwg o gwbl. Teimlai Huw gynhesrwydd newydd at y lle, yn union fel ar ôl iddo weld y barcud.

'Rwyt ti'n gwybod llawer am adar,' oedd sylw Huw.

Chwarddodd Cadi. 'Alle neb beidio, a byw 'da Mamgu. Mae hi'n nabod pob un yn y cwm 'ma.'

'Os mai barcud oedd yr un weles i, ble mae'r hebog tramor, 'ta?'

'Yn nes i fyny'r cwm. Fe wn i'n gywir ble mae e'n nythu.'

'Ond dwyt ti ddim i fod i ddeud wrtha i,' ebe Huw'n siomedig.

Syllodd Cadi arno am rai eiliadau cyn siarad. Yna meddai, 'Ar ôl i mi ddod i dy nabod ti'n well, hwyrach y gofynna i i Mam-gu am ganiatâd i weud.'

Yr oedd yn rhaid i Huw fodloni ar hyn, ond yr oedd chwilfrydedd ynglŷn â'r adar yn dal i'w gorddi.

'Pam maen nhw'n cael mwy o bres am gywion hebog tramor?'

'Maen nhw'n gallu'u gwerthu nhw dros y môr — i Almaenwyr, i Arabiaid, neu i Americanwyr. Mae heboca'n bwysig iawn i lawer o bobl.'

Safodd Huw yn dawel, gan geisio cofio'r cwbl yr oedd Cadi wedi'i ddweud wrtho. Ond roedd Ben wedi cael hen ddigon ar orwedd yn llonydd ac wedi codi. Cofiodd Cadi ei neges yn y pentref, a ffarweliodd y ddau gyfaill newydd â'i gilydd. Cyn iddi fynd, gwaeddodd Cadi dros ei hysgwydd,

'Mae 'da fi lyfyr yn dangos llunie adar. Cei di 'i fenthyg e, os lici di.'

Diolchodd Huw iddi'n eiddgar ac aeth yn ei flaen tua'r mynydd. Cofiodd fod Medwyn wedi rhoi cyfarwyddyd i'r dyn Llundain 'na i chwilio am arwydd llwybr a fyddai'n mynd ag ef drwy'r goedwig i ben y Darren. O'r fan honno, mae'n siŵr y gallai weld holl symudiadau'r adar dros y cwm i gyd. Yr oedd yn llwybr newydd i Huw ac fe benderfynodd chwilio amdano.

Cerddodd heibio i'r hen adfeilion, yn bellach nag y gwnaeth o'r blaen. O rywle, deuai cŵ-ŵ-ŵ-cŵ-ŵ rhyw golomen wyllt fel yr anelai Huw am yr arwydd. Yr oedd hwnnw bron o'r golwg y tu ôl i wrych a oedd yn dechrau blaguro'n drwchus. Oni bai iddo glywed Medwyn yn sôn amdano, ni fuasai wedi sylwi o gwbl ar yr agoriad cul yn arwain i fyny i goedwig.

Wrth gamu ymlaen clywai ddail y llynedd fel clustogau o dan ei draed a rhyw arogl llaith yn codi ohonynt. Troellai'r llwybr i fyny'n igam-ogam anwadal, fel pe na bai diwedd iddo. Yr oedd yn dechrau colli ei wynt pan ddaeth o'r diwedd i lecyn gweddol wastad lle'r oedd afon fechan yn gwahanu'r coed oddi wrth y creigiau. Yma roedd y clogwyni'n fygythiol fel cewri a'r coed i'w gweld yn fwy dirgel. Teimlai eu bod yn ymestyn eu canghennau fel yr edrychai arnynt, ac y byddent maes o law yn cau amdano fel basged cimwch. Ni fu Huw erioed mewn lle mor unig. Teimlai'n bell, bell o'i gartref.

Ac yna, yn is i lawr yr afon, gwelodd y dyn o Lundain. Yr oedd Huw mor falch o gael cwmni yn y lle anial hwn fel yr agorodd ei geg i weiddi arno. Ond yn sydyn, fe welodd rywbeth a'i rhwystrodd.

Yr oedd y dyn wedi datod y rhaff oedd wedi'i chlymu am ei ganol ac yn ei thaflu dros gangen derwen fawr. Beth oedd o'n ei wneud, tybed? A sgwrs Cadi'n dal yn ei feddwl, parodd hyn iddo gadw'n dawel iawn a gwylio symudiadau'r dyn.

Dyna fo'n awr yn tynnu'r rhaff yn dynn ac yn ei chlymu eilwaith am ei ganol. Yna dechreuodd ddringo'r goeden yn gyflym. I fyny ac i fyny ag ef nes bron cyrraedd y brig. Cododd Huw y gwydrau at ei lygaid a chollodd ei galon guriad.

Yng nghanol y brigau uchaf yr oedd nyth, ac yr oedd y dyn yn rhoi ei law ynddo!

Nid arhosodd i weld beth fyddai'n digwydd nesaf. Hawdd y gallai ddychmygu'r wyau prin yn mynd i mewn i'r bocs bach yn hafersac y dyn.

Nid oedd amser i'w golli. Trodd yn ôl a rhuthrodd am y llwybr igam-ogam. Yr oedd y disgyn yn fwy llithrig na'r dringo a fwy nag unwaith fe'i cafodd ei hun yn gorwedd yn y dail a'r mwd. Ond ni faliai'n awr. Rhaid oedd cyrraedd tŷ Cadi mor gyflym ag y gallai.

Nid oedd wedi sylwi, ar y ffordd i fyny, fod yna gymaint o ddrain a mieri ar y llwybr, ond yn awr yr oeddynt fel pe baent yn codi o'r ddaear, yn benderfynol o'i rwystro. Ond o'r diwedd yr oedd gwaelod y llwybr yn y golwg a'r daith yn ysgafnach. Dyma fo'n ei heglu hi i lawr y llathenni olaf tua'r ffordd fawr. Roedd yn lwcus nad oedd llawer o draffig ar y ffordd y bore hwnnw, oherwydd yr oedd wedi croesi i'r ochr draw heb edrych i'r dde nac i'r chwith. Rhedodd i fyny'r llwybr a arweiniai at y bwthyn, a dyna lle'r oedd Ben yn rhedeg ato dan gyfarth â chyffro mawr cyfeillgar. Curodd rat-tat-tat ar y drws.

Cadi ddaeth i'w agor.

'Beth ar y ddaear — ? Huw!'

'Dw i wedi'i weld o . . . rhaid i ti ffonio!' Prin y gallai ddweud y geiriau.

'Pwy? . . . Pam?'

'Dyn yn dwyn wya. Mi gwelis i o!'

'Dere i mewn i gael dy wynt atat. Mam-gu!'

Daeth yr hen wraig i mewn o'r gegin gefn gan sychu ei dwylo ar ei ffedog.

Yn ei gyffro, yr oedd Huw wedi anghofio mai gwrach oedd hi. Ond os oedd hi mor ofalus o'r adar, rhaid mai gwrach wen oedd hi.

'Dyma fe, Mam-gu,' ebe Cadi. 'Dyma Huw. Ma fe wedi gweld rhywun yn dwgyd wye!'

Rhythodd yr hen wraig yn graff arno.

'Wy i wedi dy weld ti o'r blaen,' meddai'n gyhuddgar. 'Wyt ti'n gweud y gwir am yr adar?'

'Wrth gwrs 'i fod e, Mam-gu,' ebe Cadi cyn y gallai Huw ateb.

Ond yr oedd yn amlwg fod Mam-gu wedi derbyn ei air oherwydd yr oedd hi wedi croesi at y ffôn. Dechreuodd ddeialu cyn gofyn yn finiog i Huw,

'Lle?'

'Uwchben y mwynfeydd. Mi es i fyny'r llwybr lle mae'r arwydd, ac mi ddringais i fyny at ryw afon fach. Mae 'na goed ar un ochr a chraig yr ochr arall, ac roedd o wedi dringo i ben coeden fawr — ' Methodd Huw fynd yn ei flaen gan iddo golli ei wynt.

'Oeddet ti'n nabod y dyn?'

Cyn y gallai Huw ateb yr oedd Mam-gu yn siarad â rhywun yr ochr draw i'r lein, yn ei rybuddio fod lleidr wyau o gwmpas y lle. Yn sydyn, cafodd Huw fraw.

Lletywr yn y dafarn oedd y gŵr hwn. Beth os oedd ef, Huw, yn methu, ac nad dwyn wyau yr oedd y dyn wedi'r cwbl? Byddai Medwyn o'i go'n ulw am iddo sarhau cwsmer.

Yr oedd Mam-gu wedi troi ato'n awr ac ailofyn ei chwestiwn,

'Oeddet ti'n nabod y dyn?'

Teimlai Huw'n ofnadwy. I bwy'r oedd ei deyrngarwch? I bobl yr adar, ynte i Medwyn? Yn araf, ysgydwodd ei ben.

'Elli di ei ddisgrifio fe, 'te?'

Yr oedd hyn yn saffach.

'Dyn efo barf. A sbectol dywyll.'

'Oed?'

'Dwn i ddim . . . Tua deg ar hugain? Reit hen.'

Gwenodd Mam-gu ychydig. Yna trodd yn ôl at y ffôn.

'O'r gore. Fe gadwa i lygad ar y lle yn y cyfamser. Ond brysiwch!'

Rhoddodd y ffôn i lawr a throi at Huw drachefn.

'Dere, 'machgen i. Mae'r sbienddrych yn y parlwr. Dere i weld elli di nabod y dyn pan ddaw e i lawr o'r mynydd.'

'Odi Mac am ddod?'

'Odi. 'Mhen rhyw chwarter awr, man pella.'

'Swyddog 'da'r Gymdeithas Gwarchod Adar yw Mac,' eglurodd Cadi.

Yr oedd Huw'n dechrau difaru 'i galon iddo ddod. Pe deuai'r dyn i'r fei a chael ei restio mi fyddai wedi mynd yn hwdwl glân arno, oherwydd anodd fyddai iddo gelu ei fod yn ei adnabod. Ond yr oedd Cadi wedi cydio yn ei law ac yn ei arwain i'r parlwr lle gorweddai sbienddrych anferth ar dreipod, a'i lygad yn erbyn y ffenestr. Er gwaethaf ei ofnau codwyd rhyw chwilfrydedd ynddo a derbyniodd wahoddiad Mam-gu i gymryd sbec drwyddo. Synnai pa mor glir oedd pob coeden a chraig o ystyried eu pellter. Yr oedd yr hen wraig mewn lle manteisiol iawn i gadw llygad ar ddieithriaid amheus.

'Deu! Mae'r sbienddrych 'ma'n dda, Mrs. . . . .' Sylweddolodd nad oedd yn gwybod enw Mam-gu.

'Lloyd,' ebe'r hen wraig, a'i hwyneb garw'n torri'n wên falch, ac anwesodd y sbienddrych â'i llaw. 'Perthyn i'r gŵr. Morwr oedd e.'

Treuliodd Huw funudau hapus yn chwarae â'r sbienddrych, a Cadi'n dangos iddo hyn a'r llall ar y mynydd — y tŷ cadw powdwr, yr hen fflodiart i reoli'r llif, a llu o bethau eraill nad oedd ef wedi sylwi arnynt o'r blaen. Nid oedd golwg o'r lleidr, ac yr oedd Huw'n hanner gobeithio iddo ddod i lawr ryw ffordd arall.

'Gwedwch wrtho fe am y tractor, Mam-gu,' ebe Cadi. Ei thro hi'n awr oedd hi i wylio drwy'r sbienddrych.

'O, mae'n hen stori — ' ond roedd yn amlwg fod Mam-gu wrth ei bodd yn ei dweud hi. 'Rown i'n ame un dwarnod fod rhyw ddrwg yn mynd 'mlân wrth nyth y barcud. Roedd dau ddyn wedi parco car gerllaw'r mwynfeydd ac yn dishgwl yn galed ar fap ac yn pwyntio i gyfeiriad nyth y barcud. Ar ôl troi'n ôl a 'mlân am ychydig, dyma nhw'n cychwyn lan drwy'r coed.

'Ar unweth fe godes y ffôn i weud wrth Mac, ond doedd e ddim yno ac roedd yn rhaid i mi fodloni ar adael neges 'da'i wraig. Doedd 'da fi ddim syniad pryd y bydde fe'n cyrraedd a doedd dim amser i'w golli. Fe alle'r dynon fod wedi dod lawr unrhyw funud. Ti'n gwbod beth wnes i?'

Yr oedd ei llygaid yn pefrio wrth gofio. 'Fe ffones i

Dafydd Ty'n Cae a gofyn iddo fe ddod â'i dractor a'i adael e ar draws y ffordd lle'r oedden nhw wedi parco'r car. A whare teg iddo, fe nâth 'ny, achos roedd e mor garcus â finne i warchod nyth yr adar. Fe adawodd y tractor yno heb neb ynddo, ac roedd y dynon bron mynd yn wallgo yn whilo am y perchennog i'w symud o'u ffordd.'

'Gawson nhw'u dal?'

'Do. Fe ddoth Mac a P.C. Bennett mewn pryd i'w dala nhw. Mae'n rhaid iddyn nhw gael plisman, ti'n gweld — A!' Torrodd Mam-gu ar ei stori. 'Dyma nhw!'

Yn sydyn, clywodd sŵn modur. Y munud nesaf gwelsant fod Land Rover wedi aros ar waelod lôn fach y bwthyn, a chlamp o ddyn mawr yn disgyn ohoni. Sylwodd Huw fod dyn arall mewn gwisg plisman yn aros y tu mewn i'r Land Rover.

'Haia, Mac!' gwaeddodd Cadi.

Camodd y dyn at y bwthyn â chamau breision. Yr oedd yn ddyn tal iawn a chanddo lais dwfn a llygaid treiddgar. Gwisgai siersi wen drwchus o dan ei anorac, a chap o'r un gwlân am ei ben.

'Hylô, Cadi fach. Dim golwg ohono fe 'to?'

'Ddôth neb lawr, i ni weld,' ebe Mam-gu, 'Ddim ffordd hyn, ta beth.'

Crychodd Mac ei dalcen. 'Bosib ei fod wedi dod i lawr yr ochr arall, wrth gwrs. Mi fydde'n osgoi'r pentre felly.'

Ie, meddyliodd Huw, ond beth am ei bethau yn y llofft yn y Carw Du? Ond fe gadwodd yn dawel.

Yr oedd hi'n amlwg fod Mac wedi hen arfer â bod yn amyneddgar wrth aros am ei brae. Aeth i edrych drwy'r sbienddrych am ychydig, yna trodd at Huw.

'Dyma'r crwt a'i gwelodd e, i'fe? Shwd un ôdd y dyn? Fedri di'i ddisgrifio fe?'

Edrychai Huw'n anhapus. 'Doeddwn i ddim digon agos . . . roedd gynno fo farf,' ychwanegodd braidd yn gloff.

Yr oedd llygaid Mac yn chwilio'r creigiau gyferbyn yn ddyfal. Ond erbyn hyn yr oedd Huw'n wirioneddol anesmwyth.

'Hwyrach i mi wneud camgymeriad,' meddai mewn llais bach.

Cododd Mac ei ben am eiliad. 'Oeddet ti'n gwybod am y barcud?'

'Wel . . . oeddwn. Ond wyddwn i ddim lle'r oedd y nyth.'

Torrodd Cadi ar ei draws. 'Wedes i ddim wrtho fe,' meddai, fel pe bai Mac wedi'i chyhuddo. Gwenodd hwnnw ar y ddau ac aeth yn ôl at y sbienddrych. Yn sydyn, ymsythodd, gollyngodd y gwydrau a chamodd am y drws.

'Rhywun yn dod!'

Dilynodd Mam-gu a Cadi ef allan, ac i lawr y llwybr tua'r Land Rover. Llerciodd Huw yn ôl yn y cysgodion am ychydig, ond, o gywilydd, toc bu raid iddo ddilyn y lleill. Ac yn araf, er gwaethaf ei ofn o dynnu Medwyn yn ei ben, dechreuodd ei gyffro gynyddu.

'Hwn oedd e?' gwaeddodd Mac dros ei ysgwydd.

Yr oedd y dyn barfog yn dod i lawr y llwybr troed ac yn dechrau croesi blaenau'r mwynfeydd tuag at y ffordd fawr.

'Ia. Fo ydi o!' mwmiodd Huw yn isel.

Brasgamodd Mac ar draws y ffordd fawr cyn i'r dyn fedru ei chyrraedd. Ni allai'r lleill glywed yr hyn a ddywedyd, ond yr oedd osgo digon cwrtais ond awdurdodol arno wrth siarad â'r dyn. Edrychai hwnnw'n syfrdan a thaflodd olwg y tu ôl iddo fel pe bai'n chwilio am ddihangfa.

Yr oedd Mac yn awr yn pwyntio at hafersac y dyn ac yn amneidio i gyfeiriad y Land Rover lle'r oedd iwnifform yr heddwas yn ddigon amlwg. Ni symudodd y dyn am rai eiliadau, a gwelodd y lleill fod rhyw wrid tywyll, bygythiol wedi llifo dros ei wyneb. Ond cydiodd Mac yn yr hafersac a'i hagor. Tynnodd ohoni y gymysgedd ryfeddaf o geriach — rhyw fath o drap, colomen farw a hen focs esgidiau. Agorodd Mac y bocs a chododd ei gynnwys yn ei law fel eu bod nhw i gyd yn cael gweld. Pedwar wy brown.

Galwodd Mac ar y plisman a daeth hwnnw allan o'r Land Rover a chroesi at y ddau. Bydd hwn yn ei restio fo rŵan a mynd â fo i'r jêl, meddyliodd Huw, a thon o ryddhad yn dod drosto.

Ond na. Er mawr syndod i'r rhai oedd yn gwylio, fe welsant yr heddwas yn craffu'n fanwl ar yr wyau — ac yn dechrau chwerthin.

Tro'r dyn oedd hi'n awr i syllu'n galed ar yr wyau, a'i wyneb yn gynddeiriog. Cymerodd yr heddwas ei enw a'i gyfeiriad. Edrychai Mac yn bur ddifrifol ac fe'i clywsant yn ei dweud hi'n hallt wrtho. Ac yna rhoddwyd y bocs yn ôl i'r dyn, a sleifiodd i ffwrdd.

Yr oedd pawb wedi'u syfrdanu, a theimlai Huw, yn arbennig, yn bryderus iawn. Tybed a oedd hyn yn profi iddo wneud camgymeriad ofnadwy? Oherwydd yr oedd y 'lleidr' wedi cael mynd yn ei flaen yn hollol rydd.

'Beth oedd, Mac?' gofynnodd Cadi wedi iddo groesi'n

ôl atynt. 'Roedd e wedi dwgyd wye, on'd oedd e? Pam o'ch chi'n gadel iddo fe fynd?'

Gwenodd Mac yn fin-gam. 'Cadi, 'nghariad i, dyw hi ddim yn anghyfreithlon eto i ddwyn wye *iâr!*'

'Wye *iâr!*' ebychodd Mam-gu a Cadi gyda'i gilydd.

'Ie, wir, y rhai gewch chi i frecwast.'

'Ond — ' dechreuodd Huw, ac yna stopio.

'Wn i, Huw,' ebe Mac. 'Dyw ieir cyffredin ddim yn dodwy mewn nythod ar ben coeden uchel, nag ŷn nhw? Mae arna i ofn i'r brawd gael ei dwyllo'n dost.'

'Roedd e wedi meddwl taw wye barcud oedd yn y nyth!' Yr oedd llygaid Cadi'n grwn.

'Be ddigwyddith iddo fo?' holodd Huw yn gynnil.

'Wel, dyw dwyn wye iâr ddim yn drosedd ofnadwy, wrth gwrs, ond y *mae*'r bwriad i ddwyn wye barcud. Mi gaiff ddirwy reit drom, gobeithio.' Yna ychwanegodd, 'Os yw e wedi rhoi'i enw a'i gyfeiriad iawn i ni.'

Mae ei enw a'i gyfeiriad yn y llyfr cofrestru yn y Carw Du, meddai llais bach y tu mewn i Huw. Ond daliodd i gadw'n dawel.

Yr oedd golwg mwy difrifol ar Mam-gu.

'Mae hyn yn golygu fod rhywun arall wedi bod yno o'i flaen e, wedi cymryd wye'r barcud ac wedi rhoi wye cyffredin yn eu lle.'

Amneidiodd Mac ei ben.

'Ie, hen dric. Ychydig iawn o bobl sy'n medru dweud y gwahaniaeth. A does wybod pa bryd oedd hyn.'

Ysgydwodd ei ben. 'Does fawr o obaith eu dala *nhw*, mae arna i ofn. Rhaid bod pwy bynnag ddygodd yr wye gwreiddiol yn hen law neu'n gweithio i gang go gyf-rwys.'

Er gwaethaf ei bryder yr oedd cwestiynau cyffrous yn corddi yn Huw.

'Be 'di'r giangs 'ma?'

'Mae 'na ryw ddeg ohonyn nhw ym Mhrydain,' ebe Mac. 'Mae'n ditectifs ni'n gwybod cymaint â hynny. A rhyw gant o ladron yn perthyn i bob un. O, mae'r peth yn cael ei gynllunio'n ofalus, credwch fi. Fel byddin. Lle mae arian mawr yn y fantol, chewch chi monyn nhw'n gweithredu ar 'u pennau'u hunain. Heblaw'r lladron, rhaid cael pobl i gludo'r adar a'r wye i wledydd tramor, a'u gwerthu nhw i'r prynwyr.'

'Pwy sy'n eu prynu nhw?'

'Mae 'na fasnach dda yn America ac yn y Dwyrain Canol lle mae'r barwniaid olew yn fodlon talu symie anhygoel am hebogiaid. Weithie mi fyddan nhw'n rhoi cyffurie i'r adar i'w cadw nhw'n dawel, ac yna'n eu smyglo nhw allan mewn cychod bach i Ffrainc lle nad yw'r rheolau mor gadarn â'n rhai ni.'

Dîr! Dyw byw yn y wlad ddim mor ddiflas, wedi'r cwbl, meddyliodd Huw. Fyddai Meilir a'r lleill byth yn credu iddo fod ar drywydd lladron go-iawn mewn lle mor dawel!

3

Roedd Huw'n gyndyn iawn i gychwyn am adre. Nid oedd yn siŵr a welsai'r dyn ef ai peidio, na hyd yn oed sylwi arno yn ddigon manwl yn y dafarn i fedru ei adnabod, ond nid oedd am roi prawf ar y peth drwy ddod wyneb yn wyneb ag ef. Yr oedd yn falch iawn pan gofiodd Cadi ei bod hi wedi addo rhoi benthyg llyfr adar iddo, a'i wahodd drachefn i'r bwthyn.

Bu'r ddau wrthi'n dotio uwchben y lluniau lliwgar am hydoedd a Cadi'n egluro iddo pa fath o adar oedd i'w gweld fynychaf yn y cwm.

'Dyma frân dyddyn. Rwyt ti'n gyfarwydd â honno, mae'n siŵr. Dyma i ti goch y berllan . . . a'r pila gwyrdd. Bydd hwnna'n dod i fwyta hadau blode yn yr ardd yma . . . O, 'shgwlwch, tingoch. Mi weles i hwnna yn yr hen felin yr haf dwetha.'

Trodd Cadi dudalen arall.

'A dyma i ti lun o'r barcud,' meddai. 'Fel y gweli di, mae'r adenydd a'r gynffon yn fforchog, ac mae e'n gwneud sŵn gwichlyd. Sŵn tebyg i 'cerc-cerc-cerc' sy 'da'r hebog.'

Treuliwyd awr ddifyr yn edrych ar y lluniau ac yn siarad amdanynt. Ond o'r diwedd sylweddolodd Huw na allai oedi rhagor, a bu raid cychwyn, a'r llyfr o dan ei gesail.

'Dere draw fory os na fydd 'da ti rywbeth gwell i'w wneud,' gwaeddodd Cadi er ei ôl.

'Siŵr o wneud!' atebodd yntau.

Safai fan Ifor y tu allan i'r Carw Du pan gyrhaeddodd, a'i berchennog wrthi'n llwytho'i gêr i mewn i'r cefn. Beth oedd hyn? Gwaeddodd Huw arno a dechrau rhedeg tuag ato.

'Hei, Ifor! Dwyt ti ddim yn gadael?'

Trodd y llall a gwên ar ei wyneb.

'Ddim eto. Mae arna i ofn y bydd yn rhaid i ti fy ngoddef i am noson neu ddwy eto. Ond rhaid i mi fynd draw rŵan i'r Borth Goch am rai orie, i gwrdd â ffrind.'

Gwenodd Huw ei ryddhad. Nid oedd am golli'i gyfaill mor fuan. Yn un peth, yr oedd bron â marw eisiau dweud hanes ei antur. Gostyngodd ei lais.

'Ifor . . . ti'n gwybod y dyn 'na, yr un sy'n aros yma?'

Hoeliodd Ifor ei lygaid tywyll arno. 'Beth amdano?'

Edrychodd Huw o'i amgylch cyn sibrwd,

'Lleidr wya adar 'di o!'

Nid atebodd Ifor ar unwaith, ond rhythodd yn galed ar Huw.

'Sut gwyddost ti?'

Adroddodd Huw hanes digwyddiadau'r bore. Yr oedd yn falch o fedru brolio ychydig bach am ei ran ef yn dal y dyn.

'Wel, mi gafodd ail, yn do?' chwarddodd wrth orffen. 'Meddylia . . . wya iâr cyffredin!'

'Wel, go dda ti,' chwarddodd Ifor. 'Rwyt ti'n rêl ditectif!'

Gwenai o glust i glust wrth droi i gloi drws cefn ei fan. Yna, aeth Huw'n anesmwyth.

'Hei, Ifor, ble mae o?' sibrydodd braidd yn ofnus. 'Ddoth o i mewn eto?'

'Does dim rhaid i ti boeni amdano *fo*,' meddai ei ffrind, wrth neidio i mewn i sedd y gyrrwr. 'Mae o newydd fynd! Rown i'n *meddwl* fod golwg ffwdanus arno fo.'

'Wedi mynd?' ebychodd Huw yn llawn rhyddhad.

'Wedi myned ymaith!' Gyda phendantrwydd chwareus.

Cododd Ifor ei fawd ar Huw ac i ffwrdd ag ef gan weiddi, 'Wela i di heno!'

Sylweddolodd Huw ei fod ar lwgu. Bu gwybod na fyddai'n rhaid iddo wynebu'r dyn o Lundain yn llawenydd dirfawr iddo. Camodd i mewn i'r gegin yn ysgafn droed. Daeth aroglau nionod yn ffrïo i'w ffroenau.

'Mam! Be sy i ginio? Dw i ar lwgu.'

Trodd ei fam ato gan wenu a sylwodd ar y bochau gwritgoch a'r llygaid disglair.

'Iau a nionod a chig moch. Reit?'

'Grêt!'

'Mae gwynt y mynydd yn dygymod â chdi, mae'n amlwg. Rwyt ti'n hapusach rŵan, yn dwyt, 'rhen Huw?'

Ar hyn, daeth Medwyn i mewn o'r bar, a llifodd y teimlad annifyr arferol dros Huw, fel pe bai raid iddo bob amser ofyn iddo'i hun, 'Be ydw i wedi neud *rŵan?*'

Ond ni chymerodd Medwyn sylw ohono. Yr oedd rhywbeth arall ar ei feddwl.

'Elen,' meddai, 'rhaid i ni fod yn ofalus gyda'r bobol sy'n aros yma. Cael a chael oedd hi i mi ddal y dyn Lomax yna nawr cyn iddo'i heglu hi. Oni bai 'mod i wedi digwydd dod i mewn o'r garej a'i weld o'n sleifio efo'i gês i lawr y staer, mi fyddai'r gwalch wedi mynd heb dalu, rwy'n siŵr.'

'Tybed?' meddai ei wraig. 'Hwyrach ei fod o wedi bwriadu talu.'

'Dim peryg! Roedd golwg rhy lechwraidd o'r hanner arno. Beth am y llall, 'sgwn i? Mae hwnnw wedi mynd i rywle.'

Neidiodd Huw ar ei draed ar unwaith i achub cam ei ffrind. 'Fysa Ifor *byth* yn gwneud y fath beth! Wedi mynd i'r Borth Goch i gyfarfod ffrind mae o. Mi ddeudodd y bydda fo'n ôl cyn bo hir.'

Chwarddodd Medwyn yn ei ffordd sarrug.

'Amser a ddengys! Mae'n well peidio ag ymddiried yn

41

neb yn y busnes yma, fel y dysgi di wrth fynd yn hŷn.'

Dyna fo eto, yn gwneud iddo deimlo fel plentyn bach! Nid y geiriau eu hunain oedd yn brifo ond y ffordd y dywedai hwy. Yr oedd gwên Huw wedi troi'n wg yn awr. Ceisiodd roi ei holl sylw i'r bwyd o'i flaen, ond yr oedd yr awyrgylch wedi newid, a'r bwyd ddim hanner mor flasus.

Ochneidiodd ei fam yn ddistaw. Yr oedd hi wedi gobeithio am well dealltwriaeth rhwng y ddau erbyn hyn, ac yn wir, ambell waith yn ddiweddar, bu arwyddion fod pethau'n gwella rhyngddynt. Busnes yr adar 'ma, er enghraifft. Ond ei dad oedd arwr Huw o hyd, dim ots am y difaterwch a'r hunanoldeb a wnaeth iddo yn y diwedd fynd i fyw i rywle arall. A thra mynnai Huw gofio dim ond y pethau dymunol ynghylch ei dad — faint o obaith oedd gan Medwyn i'w ennill? A dyma ni unwaith eto, Medwyn yn ysgolfeistraidd lym ei dafod, Huw fel cath â'i blew yn wrychyn.

Fel pe bai'n synhwyro iddo wneud cam gwag, gofynnodd Medwyn mewn llais mwy caredig, 'A be fuost ti'n 'i wneud y bore 'ma, Huw?'

'Dim byd,' oedd yr ateb swta wrth i Huw stwffio'r darn olaf o gig moch i'w geg.

'Welest ti mo'r barcud?'

Ysgydwodd Huw ei ben, a syrthiodd distawrwydd ar y tri nes i Huw wthio'i gadair yn ôl a chodi. Ar unwaith, cyfarthodd Medwyn arno,

'Dwyt ti ddim wedi gofyn caniatâd i godi oddi wrth y bwrdd 'ma.'

Rhythodd Huw arno a chasineb yn llenwi ei lygaid. Yna trodd at ei fam yn benodol.

'Ga' i fynd, Mam?'

42

'Cei, wrth gwrs,' ebe hi yn anhapus.

Wrth gau'r drws ar ei ôl, clywodd Huw y ddau'n dadlau'n isel yn ei gylch.

Dad, Dad, ble'r wyt ti? gwaeddai yn ei galon. Fyddet ti byth wedi 'nhrin i fel hyn. Rown i'n cael gwneud be fyd fynnwn i gen ti.

Teimlai fel rhedeg i ffwrdd. Ond i ble? Yr oedd wedi'i gau i mewn yn y mynyddoedd. Fe allai fynd i guddio mewn ogof neu rywbeth a byw ar aeron a dŵr o'r nant. Mi ellwch chi fyw am wythnosau ar aeron a dŵr, yn ôl Meilir. Byddai pawb yn meddwl ei fod o wedi marw, neu wedi cael ei herwgipio neu rywbeth. Serfio nhw'n reit! Mi fydde'n edifar gan Medwyn wedyn iddo fod mor gas wrtho.

Ciciodd garreg at y gath a gweld honno'n sgrialu dros y clawdd, a theimlai dipyn bach yn well.

Be wnâi o rŵan? Ailgychwyn i'r mwynfeydd ynteu mynd i'w lofft i edrych ar y llyfr adar? Fe hoffai fod wedi mynd yn ôl i dŷ Cadi, ond nid oedd am or-fanteisio ar y croeso a gawsai yno. Gwnaed y penderfyniad drosto wrth i'r glaw ddechrau disgyn yn genlli. Y llofft amdani, felly. Taflodd ei hun ar ei wely a throi tudalennau'r llyfr nes dod at lun yr aderyn y chwiliai amdano. Ei aderyn ef. Y barcud.

Darllenodd y disgrifiad yn eiddgar. Pen gwyn oedd gan yr un a ddaethai i'w lawn dwf a rhesi cul, du arno. Rhyw goch-wineu oedd gweddill y corff a'r plu'n goleuo tua'r cyrion.

> 'Pan fo barcud ar ei adain,' darllenodd, 'gellir gweld ei gynffon fforchog a'r gwyn o dan yr adenydd a'r gwddf. Bydd yn hedfan yn gylchog wrth godi, a phrin

bod yr adenydd i'w gweld yn symud, dim ond y corff yn gogwyddo ychydig wrth iddo godi yn yr awyr. Mae ei adenydd yn hir, yn gul ac yn onglog, ac y mae llinell fawr wen ar hyd lled yr adain i gyd. Mae ei big yn ddu a bôn melyn iddi; ei goesau hefyd yn felyn . . .'

Rhyfeddai at unrhyw un yn gallu dwyn wyau aderyn mor hardd a'u gwneud nhw'n brin. Teimlai ei galon yn chwyddo o falchder am iddo fod yn gyfrifol am atal o leiaf un lleidr.

Trodd y dail eto i weld llun o'r aderyn arall y bu Cadi'n sôn amdano, yr hebog tramor, a oedd hyd yn oed yn fwy gwerthfawr i leidr na'r barcud.

Yr oedd yr hebog yn llai na'r barcud o ran maint. Iâr oedd yr un yn y llun, y rhan uchaf ohoni'n lasddu, y rhan isaf yn wyn wedi'i fritho â rhyw frown cochlyd, a'i phig yn felyn. Yr oedd Cadi wedi dweud fod yr hebog tramor yn nythu'n uwch i fyny'r cwm, ond ddywedodd hi ddim ymhle. Wel, yr oedd yntau am ddarganfod y nyth drosto'i hun. Dim ond er mwyn cael gweld. Nid i ddwyn yr wyau. Gwyddai na fyddai Cadi'n gwarafun hyn iddo, cyn belled ag y byddai *hi* wedi cadw ei haddewid i beidio â dweud.

Daliodd i fwrw glaw tan amser te. Wrth iddo syllu'n ddiflas drwy'r ffenestr, llonnodd Huw yn sydyn wrth weld fan Ifor yn dringo'r rhiw yn y pellter. O leia byddai ganddo rywun i siarad ag o rŵan. Rhedodd i lawr y staer i wneud yn siŵr na fyddai ei ffrind yn diflannu i rywle arall.

Yr oedd Ifor yn sefyll yn y cyntedd yn ceisio sychu ei wallt â'i hances. Synnodd Huw o weld mor wlyb ydoedd, ac yntau wedi teithio pymtheng milltir yn ei fan.

'Rwyt ti'n wlyb doman!'

'Mi fuaset tithe hefyd, petaet ti wedi gorfod newid olwyn mewn cawod o genllysg . . .'

Ond yr oedd gan Huw bethau pwysicach i'w trafod.

'Ifor, wyt ti wedi gweld hebog tramor erioed?'

Peidiodd Ifor ar ganol ei sychu. Gostyngodd y tywel a chraffu ar Huw.

'Beth wyddost *ti* am hebog tramor?'

'Ddim llawer. Mae gen i lun ohono. Mi ges fenthyg llyfr. Ble mae o'n debyg o nythu ffor' 'ma?'

Oedodd Ifor cyn ateb, a chofiodd Huw iddo ddweud ei fod yn gwneud gwaith gwirfoddol dros y Gymdeithas Gwarchod Adar. Byddai hwn hefyd yn amharod i ddatgelu nythfan yr aderyn prin.

'Mae'n ol-reit, Ifor. Wna i ddim dweud wrth neb. Mae Cadi'n dweud fod yna un ar y mynyddoedd yn uwch i fyny'r cwm.'

'Cadi? Pwy ydi Cadi?'

'Ti'n cofio! Hi a'i mam-gu helpodd fi i ddal Lomax y bore 'ma. Nhw anfonodd am Mac.'

'Ydi Cadi'n gwybod lle mae'r nyth?'

'Nyth yr hebog tramor? Yndi. Ond 'naiff hi ddim dweud.'

'Ac rwyt ti isio dod o hyd i'r nyth dy hun,' gwenodd Ifor.

'Wel, mi fydd yn ddigon saff gen i, beth bynnag. Fyddan nhw'n nythu mewn coedwig, 'run fath â'r barcud?'

'Go brin. Fe fyddan nhw'n chwilio am leoedd anghysbell ar glogwyn ger y glannau neu yn y mynyddoedd.

Mewn lle digon uchel, gelli fentro.' Yna, ar ôl saib, ychwanegodd, 'Liciwn i gyfarfod y Cadi 'ma.'

Yr oedd Huw wrth ei fodd. 'Wir? Dw i'n mynd draw yna fory. Beth am ddŵad hefo mi?'

'Iawn.'

Byddai Cadi a'i mam-gu'n siŵr o fod yn falch o gyfarfod Ifor a'i holl ddiddordeb mewn adar, ac edrychai Huw ymlaen yn fawr at drannoeth. Tipyn bach o siom oedd gweld Ifor yn mynd allan yn ei fan ar ôl swper, ond yr oedd meddwl am yfory'n ddigon o gysur iddo. Wedi'r cwbwl, ni allai ddisgwyl cael mynd hefo fo i bob man.

Am fod y glaw wedi clirio yr oedd un neu ddau o bobl leol wedi dod i'r bar, ac yr oedd Medwyn ac Elen yn brysur. Digwyddai Huw fod yn ymyl y ffôn wrth ddrws y gegin pan ganodd y gloch. Cododd y derbynnydd a dweud fel y clywsai Medwyn yn gwneud, 'Carw Du.'

'Mister Harri,' ebe llais ac arno acen dramor gref. *'Iss he there . . . please?'*

Dywedodd Huw fod Ifor wedi mynd allan a gofynnodd a oedd yna neges? Ar ôl ennyd o ddistawrwydd, atebodd y llais,

'*Tell him . . . we must go . . . tomorrow. I shall see him, yes?*'

'Ol-reit,' ebe Huw, ac yna cofiodd ofyn i'r dyn am ei enw. Ond yr oedd hwnnw wedi rhoi'r ffôn i lawr.

Rhyw neges braidd yn annigonol oedd ganddo i'w rhoi i Ifor pan ddaeth hwnnw i mewn yn ddiweddarach.

'Roedd hi'n anodd ei ddeall o,' meddai, yn ymddiheurol. 'Roedd acen od gynno fo.'

Ond yr oedd Ifor yn chwerthin. 'O, Ahmed oedd hwnna. Mae'n dipyn o gymêr. Myfyriwr yn y coleg yn y dre ydi o. Roeddwn i'n 'i nabod o yn Llundain.'

46

'Llundain?' ebe Huw. 'Fuost ti'n byw yn Llundain?'

'Do, am ychydig. Un o'r Drenewydd dw i'n wreidd-iol. Ond yn Henffordd dw i'n byw rŵan.'

Hoffai Huw fod wedi gofyn iddo beth yn union oedd ei waith, ond yr oedd Medwyn yn digwydd cerdded heibio, ac ofnai gael cerydd am fusnesa. Erbyn i Medwyn fynd, yr oedd Ifor wedi troi am y staer gan ddweud.

'Rydw i am fynd i'r gwely'n gynnar heno. Nos da, bawb.'

4

Erbyn y bore, yr oedd y tywydd wedi newid. Daliai'r gwynt i chwythu, ond yn awr ac yn y man disgleiriai'r haul ar y blagur a oedd wedi dechrau glasu dros nos ar ôl yr holl law. Ac er bod yr awel yn dal braidd yn fain a'r cymylau'n rasio'n anwadal uwchben, yr oedd y gwan-wyn i'w deimlo o'r diwedd.

Yn syth ar ôl brecwast, cofiodd Huw ofyn caniatâd Medwyn cyn mynd i nôl y sbienddrych.

'Diolch byth fod hwn wedi cael rhywbeth i lenwi oria segur o'r diwedd,' oedd sylw Medwyn wrth ei wraig.

'Diolch byth fod gynno fo gwmpeini,' ategodd hithau, braidd yn geryddgar, gan wylio Huw ac Ifor yn mynd trwy glwyd y dafarn i'r ffordd fawr. 'Gobeithio y caiff Ifor aros am dipyn. Mae Huw'n hapus yn ei gwmni. Ydi o wedi sôn rhywbeth pryd mae o'n bwriadu mynd?'

'Na. Llogi'r stafell fesul noson mae e. Fe all fynd unrhyw amser. Dyna pam mae gofyn i ni gadw llygad craff arno fe.'

'Paid â bod mor ddrwgdybus, cariad,' meddai Elen gan chwerthin. Ond meddyliodd ar yr un pryd, os oedd ei amheuon ynglŷn â Lomax yn iawn, na allai hithau weld bai arno am fod yn ofalus.

Yr oedd Cadi'n rhoi bwyd i'r ieir pan welodd Huw'n dod i fyny'r llwybr tuag ati a gŵr ifanc gydag ef. Yr oedd gan y ddau wydrau yn crogi am eu gyddfau, esgidiau dringo am eu traed a chapiau gwlân am eu pennau. Yr oedd Ifor wedi rhwymo rhaff dros un ysgwydd ac ar draws ei frest. Cariai Huw fflasg o goffi a brechdanau yn ei hafersac. Safai Cadi yno'n gwenu'n ddisgwylgar arnynt.

'Cadi, dyma Ifor. Mae yntau'n gwybod llawer am adar hefyd.'

'Hylô, Cadi,' ebe Ifor. 'Mi glywes i am eich camp ddoe hefo'r dyn Lomax 'na.'

'I Huw roedd y diolch,' ebe Cadi'n gynnes. 'Roedd gyda fe lygaid yn 'i ben, reit i wala.'

'O, mae'r hen Huw wedi cael blas ar y busnes gwarchod adar 'ma.'

'Mae gen i lawer iawn i'w ddysgu,' ebe Huw gan geisio edrych yn wylaidd, ond yr oedd wrth ei fodd â'r ganmoliaeth.

'On'd oes gynnon ni i gyd! Ti wedi byw yma erioed, Cadi?'

'Er pan o'wn i'n ddwyflwydd. Bu farw 'Nhad a Mam mewn damwain car.'

'O, mae'n ddrwg gen i.' Bu distawrwydd anghysurus am eiliad neu ddwy, ond ychwanegodd Cadi'n eiddgar, 'Wy i wrth 'y modd yn byw da Mam-gu.'

Trodd at Ifor. 'Dyna lwc i Huw eich bod chi'n cymryd diddordeb mewn adar.'

Torrodd Huw ar ei thraws. 'Bydd Ifor yn gwneud gwaith gwirfoddol gyda'r Gymdeithas Gwarchod Adar.'

'Wir?' Gwenodd Cadi arno'n gynnes, fel pe bai'r tri ohonynt yn awr yn perthyn i ryw gymdeithas gudd. 'O, chi'n nabod Mac, felly?'

'Mac?'

'Ie, fe yw'r warden y ffordd hyn. Rhaid 'ych bod chi'n 'i nabod e.'

Crychodd Ifor ei dalcen. 'Newydd ddŵad yma mae o, falle? Rydw i wedi colli cysylltiad ers rhyw dair blynedd. Dw i'n byw yn Lloegr nawr.'

''Sdim ond blwyddyn er pan mae Mac yma.'

'Dyna'r rheswm, felly. Rydw i'n edrych ymlaen at ei gyfarfod.'

'Mi alla i ofyn iddo fe. Faint ŷch chi'n aros?'

'Dydw i ddim yn siŵr. Rhaid i mi fod yn ôl wrth 'y ngwaith ddydd Llun, beth bynnag.'

'Be 'di dy waith di, Ifor?' Gwelodd Huw ei gyfle a holodd yn chwilfrydig.

Gwenodd Ifor arno'n chwareus. 'Mi elli di ddweud mai rhyw fath o dditectif ydw i.'

'Ditectif?' ebychodd y ddau arall yn edmygus.

'O! Gelli di'n helpu ni i ddod o hyd i'r dyn cynta hwnnw ddygodd wye'r barcud, falle,' ebe Cadi a oedd yn teimlo'n gwbl gartrefol gydag Ifor, erbyn hyn.

'Mi wna i 'ngore,' ebe Ifor yn ddifrifol. 'Yn anffodus, mae'r trywydd yn oer braidd, yn 'tydi? Sylwaist ti ar bobl ddierth yn y cyffinie hyn yn ddiweddar? Heblaw fi, wrth gwrs.'

Ysgydwodd Cadi ei phen. 'Ond, wrth gwrs, dŷn ni ddim yn gweld pawb sy'n mynd heibio.' Edrychodd yn fyfrgar, yna meddai'n araf, 'Roedd yna gar melyn 'ma'r wythnos ddwetha, wedi'i barco tu fâs i'r mwynfeydd. Ond weles i neb.'

Chwarddodd Huw. 'Car melyn sy gan Medwyn! Ond sgynno fo ddim diddordeb mewn adar.'

'Pwy yw Medwyn?' holodd Cadi.

'Fy —' Ond ni allai Huw ddweud ''Nhad'. Dywedodd yn swta, 'Gŵr Mam.'

Edrychodd y ddau arall yn gyflym ar ei gilydd, cyn i Ifor ofyn,

'Sut fath o gar melyn, Cadi? Pa wneuthuriad?'

'Ho! Ti'n gofyn i un dda. Wy i'n gwbod dim-yw-dim am geir.'

'Escort sy gan Medwyn,' ebe Huw yn araf.

Yr oedd syniad od wedi'i daro. Car melyn y tu allan i'r mwynfeydd? Medwyn? Ond roedd y peth yn amhosib. On'd oedd o wedi dweud nad oedd o'n gwybod dim am adar? A ph'run bynnag, chafodd o fawr o amser i fynd i chwilio am nythod adar — heb sôn am ddwyn yr wyau. Yr oedd mwy nag un car melyn yn y byd.

Ac eto . . . roedd o wedi cadw beinociwlars ei dad, on'd oedd? I beth? 'Rargian! Cofiodd yn sydyn am y bocs derw. Beth os mai Medwyn oedd piau'r wyau hynny, nid ei dad? Rhyfedd hefyd nad oedd o'n gwybod dim am adar ac yntau'n dweud iddo arfer dod yma ar wyliau gyda'i dad bob blwyddyn. Mi fyddai'n siŵr o fod wedi dysgu rhyw gymaint gan ei dad.

Ac erbyn meddwl, pam roedd Medwyn wedi gadael ei waith fel athro a dod â nhw i'r lle anghysbell hwn?

Rasiodd y meddyliau hyn drwy ben Huw fel mellten.

Neidiodd posibilrwydd cyffrous, newydd yn ei fynwes. Beth pe bai ganddo gomplis, rhywun arall yn gwneud y gwaith dringo ac ati drosto, ond yntau'n gwerthu'r wyau? Roedd tafarn yn fan lle y gallai pobl fynd a dod heb dynnu fawr o sylw.

'Ydi pobol sy'n dwyn wya barcud yn gorfod mynd i garchar, Ifor?'

Craffodd Ifor arno'n galed, fel pe bai'n synhwyro beth oedd y tu ôl i'r cwestiwn.

'Dim ond os byddan nhw'n methu talu'r ddirwy, am wn i.'

Wel, roedd Medwyn bob amser yn cwyno ei fod o'n brin o arian. Hwyrach na fyddai'n gallu talu'r ddirwy, ac y byddai'n rhaid iddo fynd i'r carchar. Byddai Huw a'i fam gyda'i gilydd ar eu pennau'u hunain unwaith eto. Ar unwaith, fe deimlai gywilydd o sylweddoli gymaint yr oedd y syniad yn apelio ato.

'Rwyt ti'n dishgwl mor sobor â sant, Huw.' Rhoes Cadi bwniad bach chwareus iddo.

'Pendroni ynghylch perchennog y car melyn mae o,' ebe Ifor, bron o dan ei wynt. Yr oedd disgleirdeb treiddgar yn y llygaid du a wnâi i Huw deimlo ychydig yn anesmwyth. Yr oedd Ifor fel petai yn gallu darllen ei feddyliau. A oedd yntau hefyd wedi amau Medwyn? Ond yr oedd wedi troi at Cadi.

'Mae Huw a fi'n mynd am dro i fyny'r cwm. Hwyrach y cawn ni olwg ar yr hebog tramor. Wyt ti am ddŵad?'

Edrychodd Cadi'n siomedig. Mi fyddai wedi bod wrth ei bodd yn mynd gyda nhw.

'Mae Mam-gu wedi mynd i'r dre, a rhaid i mi gadw llygad ar bethe.'

Yr oedd y ddau arall hefyd yn siomedig.

'Roedden ni wedi gobeithio cael arbenigwr i'n harwain ni,' ebe Ifor.

'O, Ifor, hyd yn oed tawn i'n gallu dod, wy i ddim i *fod* i weud lle mae'r nyth.'

Ac eto roedd Cadi hithau yn ysu am gael dweud wrth ei dau ffrind, ac edrychai braidd yn anhapus. Cododd Ifor ei hafersac ar ei gefn a gwenodd arni.

'Rwyt ti'n warchodwr da, chwarae teg i ti, Cadi. Tyrd, Huw, mae'n bryd i ni gychwyn. Mae gynnon ni dipyn o waith dringo. Mi welwn ni di eto, bach, os na fydd Huw 'ma wedi ymlâdd ar ôl colli'i ffordd ar y mynydd.'

Yr oedd hyn yn gwneud Cadi'n fwy anhapus fyth. Gwyliodd hwy'n cychwyn. Cnodd flaen ei bawd yn feddylgar. Yna, wedi iddynt fynd ychydig lathenni, gwaeddodd ar eu holau,

'Sefwch!'

Trodd y ddau arall i edrych arni.

'Wy i 'di bod yn meddwl . . . 'sdim drwg i mi roi *awgrym* bach, falle . . . i arbed amser i chi . . .'

'Dim drwg o gwbl,' ebe Ifor yn eiddgar, a thynnu allan ei fap ordnans ar unwaith. 'Awgrym, dyna i gyd. Ac os down ni o hyd i'r nyth, mi allwn wneud yn siŵr fod yr wye'n saff, yn cawn? Fyddi *di* ddim wedi dweud yn union ble.'

'Ie, yntefe?' ebe Cadi â rhyddhad. Roedd yn gas ganddi feddwl am eu siomi. Cyfeiriodd â'i llaw tua'r dwyrain.

'Bydd rhaid i chi gerdded ar hyd y ffordd fawr am ryw filltir a hanner. Wedyn fe ddowch at bont fechan, ac mae'r ffordd yn dechre mynd yn serth. Ar ôl ychydig fe welwch chi iet ar ochor whith y ffordd. Rhaid i chi ddringo dros honno, croesi'r ca' ac wedyn dringo dros iet arall yr ochor draw. Mae 'na lwybyr cul yn arwain i'r mynydd uwchben.'

Stopiodd yn sydyn. 'Weda i ddim rhagor.'

Nodiodd Ifor ei ben wrth bori yn y map, a dilyn cyfarwyddiadau Cadi â'i fys. Daeth gwên i'w wyneb.

'Dyna'n union lle'r oeddwn i wedi meddwl,' meddai.

Diolchodd y ddau yn gynnes iddi ac ymlaen â nhw. Yr oedd Ifor yn gerddwr da, ac ar ôl rhyw chwarter awr, roedd Huw mewn byd yn ceisio dal i fyny ag ef. Yr oedd ei goesau gymaint yn fyrrach. Yn awr ac yn y man, cofiai Ifor arafu, ond buan iawn y parai grym arferiad iddo gyflymu ei gamau unwaith eto. Yr oedd Ifor yn gry iawn, meddyliai Huw. Ryw ddydd, mi fyddai yntau hefyd yn gyhyrog ac yn athletaidd, fel ei ffrind.

Diolch byth, yr oedd hi'n ddiwrnod braf, heb arwydd o gawodydd Ebrill. Disgleiriai'r haul ar yr afon fechan a redai drwy ganol y cwm, yn meddalu gerwinder y creigiau uwchben. Roedd y coed wedi dechrau blaguro ac edrychai pob man yn fwyn. Ond cyn bo hir, roeddynt wedi cyrraedd y man lle'r oedd y ffordd yn troi dros y bont ac yn dringo ochr y mynydd. Yma roedd y gaeaf yn dal mewn bri. Ar gopa'r bryniau uchaf yr oedd stribedi o eira'n dal eu gafael. Yr oedd rhyw oerni newydd yma a barai i Huw grynu drwyddo. Wrth droed y mynydd roedd cerrig anniben hen furddun o ddyddyn wedi'u gwasgaru. Yr oedd y tŷ wedi mynd â'i ben iddo ond daliai rhyw hanner dwsin o goed pinwydd i'w warchod. Bu pobol yn byw yma rywbryd. Rhyfedd meddwl. Ond yn awr yr oedd bywyd wedi hen ddarfod.

Daeth gwefr o ofn dros Huw. Yr oedd golwg mor unig a dieithr ar y rhan hon o'r cwm.

Ryw ddau gan llath i fyny'r ffordd, gwelsant yr 'iet' y bu Cadi'n sôn amdani. Yr oedd Ifor wedi neidio drosti cyn i Huw gyrraedd ac wedi codi ei wydrau at ei lygaid. Gwnaeth Huw yr un modd.

'Dyna'n union lle'r oeddwn i wedi meddwl,' ebe ef.

'Weli di rywbeth?'

'Dim ond brain.'

Camodd Ifor ar draws y cae a Huw'n straffaglio ar ei ôl, ei wynt yn ei ddwrn.

'Does dim brys, yn nac oes, Ifor?' mentrodd ofyn yn betrusgar o'r diwedd, ac yntau bron â cholli ei anadl yn llwyr.

Stopiodd Ifor ar unwaith. 'Hei, mae'n ddrwg gen i. Rown i'n anghofio. Os wyt ti wedi blino ... mi a' i 'mlaen ar 'y mhen fy hun.'

'O, na. Dw i'n iawn.'

Yr oedd Huw mor awyddus bob tamaid ag Ifor i weld yr hebog tramor.

Ond yr oedd consárn mawr yn llais Ifor. 'Wyt ti'n siŵr? Dwyt ti ddim yn edrych yn rhy dda. Rwyt ti'n llwyd iawn.'

Ar unwaith, fe deimlodd Huw ei hun yn llwyd er iddo deimlo'n iawn eiliadau ynghynt.

'Wn i,' ebe Ifor. 'Beth petaen ni'n dau'n troi'n ôl rŵan a threio eto bore fory? Gallwn ddod â'r fan. Fydde dim cymaint o waith cerdded i ti cyn i ni ddechre dringo.'

Fe gafodd Huw ei demtio. Ond yr oedd hi'n ddiwrnod mor braf heddiw, ac yr oedd wedi dysgu fel y gall y tywydd newid yn arw dros nos. Ysgydwodd ei ben yn ffyrnig.

'O, na, Ifor, dw i am fynd ymlaen.'

Syllodd Ifor yn feddylgar arno ac yr oedd y llygaid

tywyll mor dreiddgar nes i Huw deimlo ias ryfedd yn mynd drwyddo. Ond yn sydyn, symudodd Ifor unwaith eto.

'Reit. Ymlaen â ni, 'te.'

Bu Huw'n cysidro ers meityn a ddylai ddweud wrth Ifor am ei amheuon ynghylch Medwyn. Beth petai o'n dweud wrtho am y bocs wyau? Ac eto, hwyrach fod hwnnw'n ddigon diniwed, a'i fod yn perthyn i dad Medwyn, wedi'r cwbl, ac nad wyau prin mohonynt, p'run bynnag. Unwaith eto yr oedd Ifor fel petai yn darllen ei feddyliau.

'Roeddet ti'n dweud mai car melyn sydd gan dy lys-dad?'

Yr oedd hyn yn ddigon i Huw. Arllwysodd ei amheuon.

'Be wyt ti'n feddwl, Ifor?' gofynnodd ar ôl gorffen. 'Ydi hi'n bosib mai Medwyn ddygodd yr wye?'

Bu Ifor yn dawel am ychydig fel pe bai'n ystyried cwestiwn Huw yn ddwys.

'Mae'n *bosib*,' meddai'n araf o'r diwedd. 'Fel rwyt ti'n dweud, mae'n od iddo roi'r gorau i swydd saff a dod i le mor anghysbell.'

'Be wnawn ni, 'ta?'

Ond cyn i Ifor fedru ateb, clywsant glegar sydyn ymhlith y brain a heidiai'n wyllt o amgylch ei gilydd. Ac yna roeddynt wedi diflannu gan adael yr awyr yn rhydd i aderyn unig.

'Dacw fo!' anadlodd Ifor gan fynd mor llonydd â marmor. 'Yr hebog tramor!'

Nid oedd mor fawr â'r barcud, ac am eiliad teimlodd Huw beth siom. Ond yna cododd yn osgeiddig i hedfan drwy'r awyr fel brenin y cwm. Yr oedd yn symud tuag atynt yn awr a chawsant olwg glir ar yr adenydd llydain yn gwyro'n ysgafn yn yr awyr fel rhwyfau cwch. Symudai'n araf, ac yna dechreuodd esgyn yn uwch fyth, gan ddisgleirio'n eurgoch yn yr haul.

'Sbiwch! Dacw un arall!'

Gwaeddodd Huw'n gynhyrfus, ac ar unwaith cafodd bwniad ffyrnig gan Ifor.

'Sssh!'

Dyna lle'r oedd yr iâr hebog yn dod i gyfarfod ei chymar. Troesant mewn cylchoedd ac yna ehedeg tua'r gogledd gyda'i gilydd cyn diflannu y tu ôl i glogwyn uwchben.

'Dratia unwaith!' ebe Ifor yn flin. 'Rhaid i ti beidio â gweiddi felna. Rwyt ti wedi'u dychryn nhw i ffwrdd. Maen nhw'n clywed popeth.'

'Ddôn nhw ddim yn ôl?' gofynnodd Huw'n betrus-gar.

'Ddim am sbel go hir.'

Teimlai Huw'n euog iawn. Yr oedd golwg mor ddi-flas ar Ifor. Craffai'n galed ar y clogwyn, a edrychai fel dwrn du bygythiol uwch eu pennau.

'Mae arna i ofn fod hwnna'n ormod o ddringo i rywun dibrofiad. Mi fydde'n well i ti aros yma nes i mi ddod yn f'ôl.'

'O, *na*! Plîs . . .'

Wedi dod yr holl ffordd doedd o ddim am droi'n ôl. Os oedd Ifor yn ofni iddo fo'i ddal o'n ôl, roedd yntau'n benderfynol o brofi fod ei goesau a'i anadl mor gryf ag yr oeddynt ar gychwyn y daith.

'Fel y mynni di.'

Heb golli rhagor o amser yr oedd Ifor wedi camu ymlaen. Ar y dechrau, yr oedd ffridd a llwybr defaid yn gwneud pethe'n weddol hawdd, ond cyn bo hir, nid oedd llwybr i'w weld, dim ond cerrig mân rhydd yn llithro o dan eu traed wrth iddynt ddringo. Fwy nag unwaith, llithrodd Huw hefyd, fel bod ei dramwy yn dri cham ymlaen, dau gam yn ôl, o hyd ac o hyd. Ond ymlaen yr âi Ifor, mor sicr ei draed â phe bai wedi byw ar y mynydd ar hyd ei oes. Syllai Huw'n edmygus ar ei chwimder, ond cyn bo hir yr oedd wedi diflannu o'i olwg.

Yr unig beth y gallai Huw ei wneud rŵan oedd pydru ymlaen orau y gallai. Er ei bod hi'n chwythu'n oer ar y copâu, diferai chwys ar hyd ei holl gorff a chlywai ei hafersac a'i wydrau fel cant o lo am ei wddf.

Gwelodd ryw fath o silff gysgodol ar waelod y clog-wyn. Yr oedd yn rhaid iddo eistedd am funud neu ddau, hyd yn oed os golygai hynny iddo golli Ifor yn llwyr. O! y rhyddhad o orffwys ei goesau!

Edrychodd i lawr ar y cwm oddi tano a sylweddoli yn sydyn ei fod wedi colli'i ofn uchder. Teimlai fel aderyn ei hun uwchben y byd. Y tu ôl iddo, codai'r clogwyn fel mur yn erbyn yr awyr. Hanner ffordd i fyny hwn yr oedd silff fechan. Moelodd ei glustiau, gan dybied iddo glywed rhywbeth. Cododd ar ei draed yn ofalus a distaw ac edrych i fyny. Oedd, yr oedd wedi clywed siffrwd adenydd. Daeth rhyw wefr ddisgwylgar drosto. Tybed . . .?

Cofiodd eiriau Ifor a chadwodd mor llonydd â charreg. Yr oedd arno ofn codi'r sbienddrych at ei lygaid, hyd yn oed. Ni allai weld yr hyn oedd ar y silff ryw gan troedfedd uwch ei ben, ond fe wyddai fel pe bai rhywun wedi sibrwd hynny yn ei glust mai dyma nyth yr hebog tramor.

Ac fel pe i brofi ei fod yn iawn, dyna lle'r oedd aderyn mawr yn anelu tua'r silff, ei adenydd yn curo'n araf ac yn rhwydd fel dwy wyntyll anferth, y brigau bron yn cyfarfod y tu ôl i'w gefn. Yn y big felen yr oedd gwedd-illion anifail bach.

Curai calon Huw yn gyflym. Rhaid mai hwn oedd y gwryw yn cludo bwyd i'r fenyw ar y nyth, oherwydd llenwid yr awyr yn awr â 'cerc-cerc-cerc' y ddau. Teimlai Huw yn union fel pe bai wedi llwyddo i ddringo Mynydd Everest. Yr oedd gweld yr hebog tramor yn fwy cyffrous hyd yn oed na gweld y barcud! Gofidiai nad oedd Ifor yno gydag ef i rannu'r cyffro, ac eto roedd yna ryw bleser cudd am mai ef, Huw, a welodd yr aderyn gyntaf.

Safodd yn ôl ychydig ac ymestyn ei ben i geisio cael golwg ar y nyth, ond ni allai ei weld. I gael golwg iawn arno byddai'n rhaid iddo fod yn edrych i lawr o frig y clogwyn.

Rhaid ei fod, er ei ofal, wedi gwneud sŵn wrth symud. Hedodd yr hebog gwryw ar i fyny unwaith eto a chlwydo ar frig un o'r clogwyni llai, gerllaw. Disgleir-iai'r heulwen denau ar ei ben â phelydrau aur, ac yr oedd osgo wyliadwrus yn ei lonyddwch. Cafodd Huw yr argraff ei fod yn ei rybuddio rhag sangu ar ei diriogaeth ef.

Clywodd sibrwd ysgafn yn ei glust.

'Mae'n ogoneddus, yn 'tydi?'

Yr oedd Ifor wedi dod yn ôl o ble bynnag y bu, mor dawel â chath. Trodd Huw lygaid balch ato. Yr oedd yn hapus yn awr fod Ifor wedi cyrraedd mewn pryd i weld yr hebog.

Ar ôl syllu am ychydig, rhoddodd Ifor bwniad bach

ysgafn i Huw. 'Wel, dyna ni,' ebe ef yn sionc, 'well i ni beidio ag aflonyddu rhagor arnyn nhw. Wyt ti'n barod?'

'Barod? I fynd?'

Yr oedd Huw'n siomedig. Yr oedd wedi gobeithio cael gweld y nyth, o leiaf, rywsut. 'Pam wyt ti isio mynd mor fuan?'

'Mae hi'n oer iawn yma, a dydi'r dillad 'na sy amdanat ti ddim hanner digon cynnes i ni oedi rhagor ar y mynydd.'

Bu raid i Huw gydnabod mai Ifor oedd yn iawn. Roedd y gwynt wedi codi unwaith eto, ac yn chwythu i lawr o'r copaon eira. Sylweddolodd ei fod yn crynu.

'Bydd digon o gyfle i ti weld ugeiniau o hebogiaid eto, gan mai yma rwyt ti'n byw.'

Yr oedd Ifor wedi cychwyn i lawr y llechwedd, a bu raid i Huw ei ddilyn neu ei golli. Yr oedd eu taith i lawr yn araf ac yn astrus. Ar ôl tipyn, mentrodd awgrymu nad dyma'r ffordd yr oeddynt wedi dringo i fyny, ond anghytunai Ifor.

'Mae popeth o hyd yn edrych yn wahanol ar y ffordd yn ôl.'

Erbyn hyn yr oeddynt yng nghanol clystyrau mawr o redyn coch y llynedd a gyrhaeddai at ysgwyddau Huw. Nid oedd golwg o lwybr yn agos, ac fe gofiodd Huw gyda braw fod nadredd yn llechu mewn rhedyn. Tybed a oedden nhw yn mentro allan yn y gwanwyn, fel hyn?

'Ifor, wyt ti'n siŵr ein bod ni'n iawn?'

Ceisiodd ddal i fyny â'i ffrind a oedd erbyn hyn yn glir o'r rhedyn ac yn sefyll uwchben darn o graig.

Ac yna digwyddodd yr anffawd. Gwelodd Huw ef yn colli ei falans ac yn llithro i lawr y llechwedd.

'Ifor! Wyt ti'n iawn?'

Nid oedd wedi llithro ond rhyw bymtheg llath, ac yr oedd wedi medru ei rwystro'i hun yn wyrthiol rhag syrthio i'w dranc ar y creigiau islaw. Ond yr oedd ei wyneb wedi'i ddirdynnu gan boen.

'Be sy, Ifor? Wyt ti 'di brifo?'

''Nghoes i . . . rhywbeth wedi torri, dw i'n ofni . . .

Prin y gallai Huw ei glywed gan mor dawel y siaradai. Gan osod ei draed yn ofalus, dechreuodd ddringo i lawr ato o gam i gam. Nid oedd yn rhy anodd a llwyddodd i gyrraedd ei gyfaill yn weddol rwydd.

'Mae arna i ofn y bydd yn rhaid i ti fynd i nôl rhywun,' ebe Ifor rhwng ei ddannedd. 'Alla i ddim cerdded.'

'Mi a' i ar unwaith. Fyddi di'n ol-reit yma?'

'Bydd yn rhaid i mi fod, yn bydd?' Yr oedd gwên Ifor yn gam gan boen. 'Cer i ffonio am ambiwlans neu ryw-beth.'

Hanner-cerddodd, hanner-llithrodd Huw i lawr y llechwedd, yn ddiofal o'i goesau ei hun, ei flinder wedi llwyr ddiflannu. Dyna beth anffodus i ddigwydd i Ifor o bawb! Rŵan, pe bai ef wedi syrthio, fyddai neb wedi synnu.

Yr oedd ar gymaint o frys fel yr anghofiodd chwilio am y llwybr defaid, a chollodd gryn dipyn o amser yn chwilio am ffordd i lawr dros y clogwyn serth. O'r diwedd fe lwyddodd, ond rywsut, doedd o ddim haws. Yr oedd yn awr ar dir corsiog. Ni chofiai weld y pwll du acw a'r nant yn arllwys ei dŵr i mewn iddo. Os âi yn rhy agos, hwyrach y byddai'n suddo i'r gors, oherwydd yr oedd y tir o dan ei draed eisoes yn feddal a llaith.

Dario! Byddai'n rhaid iddo droi'n ôl i chwilio am lwybr, neu ni fyddai byth yn cyrraedd y gwaelod. Yn anffodus, yr oedd hyn yn golygu dringo'n ôl dros ran o'r llechwedd. Am y tro cyntaf, dechreuodd feddwl — beth petai'r un peth yn digwydd iddo ef? Y ddau ohonynt yn gorwedd ar y mynyddoedd yn ddiymadferth a neb yn dod ar gyfyl y lle? Edrychodd i fyny i chwilio am y lle yr oedd wedi gadael Ifor, ond yr oedd y tirwedd wedi newid yn llwyr, ac o'r fan hyn nid oedd golwg ohono. Yr unig beth cyfarwydd oedd nythfan yr hebog tramor, y clogwyn mawr a oedd yn awr yn y pellter. Daeth ofn mawr drosto nes bod gwallt ei ben yn merwino, wrth iddo amau ei fod ar goll.

Beth a wnâi? Dringo'n ôl, ynteu disgyn ar i lawr? Osgoi'r pwll dŵr a'r gors oedd y peth callaf, felly roedd yn rhaid dringo. Ar y dde iddo yr oedd rhagor o redyn trwchus. Er gwaethaf y nadredd, mi fyddai hwn yn sych o dan draed, beth bynnag. Rhydiodd i mewn i'r rhedyn a cheisio peidio â meddwl am y perygl.

Fe gafodd ei wobr. Pan ddaeth allan o'r rhedyn, dyna lle'r oedd llwybr defaid, a golwg llawer mwy cyfarwydd ar bobman. Rhaid mai hwn oedd y llwybr yr oedd Ifor ac ef wedi ei ddringo i waelod y clogwyn. Gofidiai iddo golli cymaint o amser. Rhaid bod Ifor bron â rhynnu yn y gwynt. Wrth gwrs, ni allai ei weld o'r fan hyn, ond cododd Huw y gwydrau at ei lygaid. Na, dim golwg ohono.

Cododd ei olygon yn uwch nes bod y gwydrau yn cyfeirio at nyth yr hebog tramor. Aeth Huw yn oer gan sioc oherwydd yr hyn a welai.

Yr oedd y ddau hebog, y gwryw a'r fenyw, yn hedfan o amgylch yn wallgof. O frig y clogwyn i lawr tua'r silff yr oedd rhaff yn hongian, ac Ifor yn ei ollwng ei hun i lawr yn araf tua'r nyth, ei goes i'w gweld mor iach â choes Huw!

5

Ni phetrusodd Huw. Dechreuodd ddringo'n ôl, gan ddefnyddio'i ddwylo yn ogystal â'i draed.

'Hoi! Ifor!'

Ond un ai nid oedd Ifor wedi ei glywed neu nid oedd am gymryd arno. Daliodd Huw i ddringo, a'r siom yn ei gyfaill yn cynyddu bob munud. A oedd Ifor wedi darganfod nad oedd ei goes wedi'i thorri wedi'r cwbl? Os felly, pam dringo i fyny yn lle dilyn Huw i lawr y mynydd i'w rwystro rhag mynd i'r drafferth o alw ambiwlans?

Nid oedd ond un ateb. Yr oedd Ifor wedi'i dwyllo er mwyn cael gwared ag ef. Erbyn meddwl, bu Ifor yn ceisio cael gwared ag o ers meityn, byth oddi ar iddynt gael lled-gyfarwyddiadau gan Cadi, ac yn ceisio'i berswadio i droi yn ei ôl. Beth oedd ei bwrpas yn dringo tua'r nyth, os nad i ddwyn? Dwyn wyau'r hebog tramor! Wel, doedd o ddim yn mynd i lwyddo. Nid tra oedd Huw Gruffydd yno i achub cam yr hebog.

'If—or!'

Gwaeddodd â holl nerth ei ben, ond dal i ddringo a wnâi Ifor. Rhaid ei fod wedi'i glywed ond ni chymerai ronyn o sylw.

'Gad lonydd i'r nyth 'na!'

Ond yr oedd Ifor wedi cyrraedd y nyth, a chlochdar yr hebogiaid gerllaw yn swnio fel sgrech yng nghlustiau Huw. Gwelodd Ifor yn agor ei hafersac ac yn tynnu oddi yno rywbeth a agorai allan yn focs mawr. Yr oedd Huw'n rhy bell oddi wrtho i'w weld yn iawn ond clywai 'cerc-cerc-cerc' yr iâr hebog wrth iddi wylio ei chywion bach yn cael eu dwyn oddi arni.

Yr oedd Huw bron â chrio. Ni freuddwydiodd erioed y gallai aderyn olygu cymaint iddo, ond fe deimlai fod yn rhaid iddo amddiffyn yr adar gosgeiddig hyn. Ceisiodd unwaith eto.

'Ifor!'

Y tro hwn, trodd Ifor ac edrych i lawr arno'n fileinig.

'Bydd ddistaw! 'Tydw i wedi deud wrthyt ti? Bu bron i ti ddifetha popeth efo dy weiddi.'

Yr oedd wrthi'n awr yn gosod pedwar cyw bach gwlanog brown-felyn mewn bocs a thyllau ynddo. Hwn, felly, fu o'n ei gario yn ei hafersac. Offer lleidr-cywion proffesiynol. Syllodd Huw arno'n geg-agored.

'Beth am dy goes di?'

Chwarddodd Ifor, heb roi ateb. Yna dechreuodd ail-ddringo i ben y clogwyn. Haliodd y rhaff ar ei ôl a diflannodd o'r golwg.

Be wnâi Huw rŵan? Aros iddo gyrraedd gwaelod y clogwyn ynteu ceisio mynd i lawr o'r mynydd ar ei ben ei hun a rhybuddio Mac? Ond yr oedd wedi colli'i ffordd unwaith yn barod, ac mae'n siŵr y byddai'n waeth arno heb Ifor.

Ni bu raid iddo aros yn hir. Ymhen ychydig, gallai weld Ifor yn dod i'r golwg ar ben twmpath ychydig i'r dde i'r clogwyn. Nid oedd unrhyw arwydd o gloffni yn ei gerddediad llithrig.

'O, da iawn. Rwyt ti'n dal yna, felly?'

'Oeddet ti'n gobeithio y baswn i wedi mynd?' gofynnodd Huw yn swta.

Chwarddodd Ifor yn finiog. 'Wel, oeddwn, a deud y gwir.'

'Dydw i ddim yn siŵr o'r ffordd.'

Ond yr oedd hi'n amlwg nad oedd Ifor yn malio dim

am hyn. Yr oedd yn brysur yn edrych i mewn i'w focs gwerthfawr.

'Ti isio gweld? Tyrd yn nes, 'ta.'

Nid oedd Huw am edrych, ac eto roedd ei chwilfrydedd yn drech nag ef. Nesaodd at y dyn a fu'n gyfaill iddo.

Dyna oedd ei gamgymeriad. Cydiodd Ifor ynddo fel mellten a'i fwrw i'r llawr. Nid oedd wedi'i frifo, ond yr oedd yn amlwg fod y dyn yn gwybod sut i wneud y peth yn gelfydd.

'Wyt ti am ddod yn bartner i mi?'

Safai uwch ei ben, ac er ei fod yn gwenu, roedd ei lygaid yn disgleirio'n fygythiol.

'Neu wyt ti am fynd i chwidlan wrth y Mac 'na?'

Yr oedd rhywbeth yn ei lais yn codi ofn ar Huw.

'Ddylet ti ddim dwyn y cywion,' mwmiodd.

'A! mae hynny'n golygu nad oes dim partnars i fod.'

Mewn chwinciad, yr oedd Ifor wedi cydio yn ei raff. Siaradai'n ddigon caredig, ond yr oedd un droed nerthol yn pwyso ar ystlys Huw.

'Sori, 'rhen ddyn, ond mae'n rhaid i mi felly . . .' Dechreuodd glymu dau ben y rhaff.

'Rown i wedi meddwl dod yn f'ôl yn hamddenol i wneud 'y ngwaith heb neb arall o gwmpas. Ond mae Ahmed ar frys i hwylio o'r Borth Goch heno.'

Siaradai'n gyflym wrth glymu dwylo Huw y tu ôl i'w gefn. Ceisiodd Huw ei gicio, ond yr oedd Ifor yn hen law ar ddelio â hyn. Cyn pen dim, yr oedd pen arall y rhaff am figyrnau'r bachgen. Chwarddodd Ifor wrth ei weld yn syllu ar y clymau proffesiynol.

'Wy'st ti be? Maen nhw'n dysgu pob math o bethau defnyddiol i ti yn yr S.A.S.'

'S.A.S?' holodd Huw'n ofnus.

'Ie. Special Air Service.'

'Dwyt ti ddim yn mynd i 'ngadael i yma?'

''Sdim rhaid i ti boeni. Ar ôl i mi orffen 'y ngwaith mi ffonia i nhw yn y Carw Du i ddeud lle'r wyt ti. Mae hi'n ddigon braf, os ydi hi dipyn bach yn oer. Mi fyddi di reit gysurus ond i ti beidio â throi a throsi.'

Cododd ar ei draed ac edrych i lawr ar Huw a gwên fach ar ei wyneb. 'Piti hefyd. Roeddet ti'n gwmni bach reit ddifyr. Ar un adeg rown i'n meddwl y gallet ti fod yn ddefnyddiol iawn i mi yma — cadw llygad ar yr adar a ballu, a hyd yn oed rhannu'r *loot*. Ond mi wela i fod dylanwad y Cadi fach 'na'n drwm arnat ti. Rŵan, 'ta. Gorwedd di'n llonydd, a phaid â threio dim byd gwirion.'

Cydiodd yn yr hafersac werthfawr. 'Hwyl, Huw bach. Mae'n ddrwg gen i, ond arnat ti roedd y bai. Fe rois i ddigon o gyfle i ti droi'n ôl.'

Ac yr oedd wedi mynd. Dilynodd Huw ef â'i lygaid ofnus cyn belled ag y gallai. Ond yr oedd troedio Ifor mor sicr nes iddo ddiflannu o'r golwg mewn dim amser.

Yr oedd carreg finiog yn gwthio i mewn i gefn Huw. Ceisiodd droi ar ei ochr, ond yr oedd hyn yn anodd ac yr oedd arno ofn rowlio i lawr y llechwedd. Bu raid bodloni ar orwedd yno'n syllu i fyny ar achos ei helyntion, clogwyn serth nyth yr hebog tramor, lle'r oedd yr adar yn dal i glochdar o amgylch y nyth gwag.

Wrth feddwl am Ifor, clywai rywbeth fel cyfog yn codi yn ei wddf. Bu mor falch o'u cyfeillgarwch! Pwy fuasai'n meddwl y gallai rhywun mor glên ei dwyllo fel hyn?

On'd oeddwn i'n ffŵl, meddyliodd Huw. Fe ddylwn

wybod yn iawn na fyddai dringwr fel hwn byth, byth wedi colli'i falans a thorri ei goes, ac yntau fel merlen fynydd.

Drwy lwc, yr oedd y llecyn lle y gorweddai mewn man eitha cysgodol, ond yr oedd ofn a siom yn gymysg wedi ei wneud yn oer iawn. Mwy na hynny, roedd y rhaff wedi ei chlymu mor dynn nes ei bod yn torri i mewn yn greulon i'w goesau a'i arddyrnau.

Ceisiodd beidio â meddwl am ei fam, ond, ar ei waethaf, fe welai fflamau'r coed yn gwreichioni yn simdde fawr y Carw Du, a chlywed aroglau cig moch yn y badell ffrio, a'i fam yn sefyll uwch ei ben yn hapus-anwybodus o'i helbul. Gwthiodd y darlun o'i feddwl a'i orfodi ei hun i feddwl am rywbeth arall. Ac fel bob amser, am ei dad y meddyliodd.

Ble'r oedd Dad y munud yma? A fyddai'n gofidio pe gwyddai am helynt ei fab? Ceisiodd ddwyn darlun o'i dad o flaen ei lygaid, ond, er mawr ofid iddo, roedd y darlun wedi mynd yn annelwig, ac yn lle wyneb ei dad, wyneb Medwyn a welai.

Yr oedd wedi gwneud cam mawr â Medwyn. Petai o ddim ond wedi meddwl am un peth yn unig. Os oedd Medwyn yn gwybod am nyth y barcud, ac yntau'n lleidr wyau, fydde fo byth wedi dweud y ffordd i'r Darren wrth Lomax. Byddai wedi'i gyfeirio i unrhyw le heblaw hynny.

Am y tro cyntaf, dyheai am weld ei lysdad er mwyn ymddiheuro iddo am ei amau. Daeth ton o euogrwydd drosto wrth ystyried hwyrach fod bai wedi bod arno fo, Huw, am fod yn gyndyn, ar hyd yr wythnosau oddi ar briodas ei fam, i wneud ffrindiau â'i gŵr newydd. Pe câi ddod allan o hyn yn fyw fe wnâi ei orau i fod yn wahanol.

66

Rhy hwyr, meddai llais bach y tu mewn iddo. Byddai wedi trengi cyn hynny.

Gwibiodd ei feddwl yn ôl at Ifor, a dechreuodd gyfri'r celwyddau. 'Rhyw fath o dditectif' oedd o, medda fo, yn gwneud gwaith gwirfoddol dros y Gymdeithas Gwarchod Adar. Gwarchod, wir! A dyna'r llais ar y ffôn. Ahmed, 'myfyriwr yn y coleg', meddai Ifor. Ond erbyn meddwl, roedd ei Saesneg yn llawer rhy wael i fod yn fyfyriwr mewn coleg yng Nghymru na Lloegr. Cofiodd yn sydyn fod Cadi wedi dweud fod Arabiaid yn hoff o heboca ac yn barod i dalu'n ddrud am adar ac wyau i'w deori. Roedd Ahmed yn swnio'n debyg i enw Arabaidd, yn doedd?

O! . . . roedd o isio bwyd! Ceisiodd weiddi, ond swniai ei lais yn bitw yn yr awyr, a dim ond brefiadau defaid oedd yn ateb. Faint o'r gloch oedd hi? Ymhell wedi amser cinio, mae'n rhaid. A'i frechdanau wrth law yn ei focs bwyd, ac yntau'n methu symud na bys na throed i'w cyrraedd. Faint o amser fyddai Ifor yn debyg o'i gymryd i gyrraedd y Porth Coch efo'i ysbail, tybed? Daeth ias o ofn newydd drosto. Hwyrach na fyddai'n trafferthu i ffonio'r Carw Du fel yr oedd wedi addo. Byddai Huw, felly, yn llwgu i farwolaeth neu'n marw o oerni cyn i neb ddod o hyd iddo.

Ni allai Huw beidio. Dechreuodd y dagrau ei ddallu a threiglo'n araf i lawr ei ruddiau.

Roedd Cadi'n disgwyl ei Mam-gu'n ôl gyda'r bws hanner awr wedi hanner dydd, a'i bwriad oedd mynd i'w chyfarfod i Siop y Post yn y pentre, oherwydd roedd hi'n ffordd bell i hen wraig gario ei siopa yr hanner milltir i Dyddyn Cadno. Syndod iddi felly oedd gweld car melyn yn aros wrth droed y llwybr a dyn yn helpu Mam-gu allan. Car melyn? Tybed ai llysdad Huw oedd hwn? Rhedodd i lawr atynt.

'Mr Hywel yn ddigon caredig i'm hebrwng yn ôl o'r dre,' eglurodd Mam-gu. 'Ddewch chi i mewn am ddishgled o de?'

Gwenodd Medwyn ar Cadi. 'Mae eich Mam-gu yn fy nghofio i yn grwt yn dod ar 'y ngwylie i'r Gelli Garw 'ma gyda 'Nhad.'

Syllodd Cadi ar lysdad Huw. Yr oedd yn amlwg wrth ei fodd yn siarad â Mam-gu am yr hen amser. Pam fod Huw'n rhoi cymaint o'i gas arno? Roedd golwg eitha caredig arno fe.

Aeth i helpu Mam-gu i hwylio dishgled o de. Ni allai ddilyn eu sgwrs. Roedd y ddau wrthi fel lladd nadredd yn siarad am hwn a'r llall, na wyddai hi ddim amdanynt. Yn sydyn, cafodd syniad.

'Mam-gu, mae Huw ac Ifor wedi mynd i'r mynydd. Ga' i fynd ar eu hole nhw?'

Chwarddodd Medwyn. 'Ar y mynydd mae'r crwt yn hala'i amser bob cyfle gaiff e, nawr.'

'Beth am ginio?' gofynnodd Mam-gu.

Ond yr oedd Cadi'n ysu am gael mynd. 'Wy i wedi câl bara-menyn a chaws.'

Gwenodd Medwyn a Mam-gu ar ei gilydd. Yr oedd yn amlwg eu bod nhw'n eitha hapus i gario 'mlaen â'u sgwrs heb boeni am neb arall.

Galwodd Cadi ar Ben ac i ffwrdd â nhw ar hyd y ffordd a gymerwyd gan Huw ac Ifor. Aeth heibio i'r mwynfeydd a dilyn yr afon hyd at y bont. Wrth gwrs, bu raid i Ben gael trochfa yn yr afon. Byddai'r ci wedi aros yno drwy'r pnawn, ond yr oedd Cadi ar frys i fynd yn ei blaen, rhag ofn i'w ffrindiau gyrraedd yn eu holau cyn iddi gychwyn yn iawn.

Yr oedd hi mor falch fod Huw wedi dod i fyw yno a'u bod nhw'n ffrindie. Câi ei gwmni ef i fynd ar y bws i'r ysgol y tymor nesaf, yn siŵr. Nid oedd neb arall o'i hoedran hi yn byw yn y Gelli Garw, ac roedd y plant hŷn a deithiai gyda hi'n llawer rhy ffroenuchel i gymysgu â phlentyn un ar ddeg oed.

Erbyn hyn yr oedd hi wedi cyrraedd y ddefeidiog, ac yn dechrau synnu braidd nad oedd dim golwg o'r ddau arall. Rhaid eu bod nhw'n cael hwyl ar y gwylio. Gobeithiai eu bod nhw wedi deall ei chyfarwyddiadau cynnil a heb fynd ar goll.

Gwyddai Cadi am bob modfedd o'r ffordd i gyrraedd nyth yr hebog tramor. Bu hi'n ei dringo droeon gyda Mac a oedd wedi dangos iddi'r ffordd hawsaf. Wel, roedd Ifor a Huw wedi methu'r ffordd honno, roedd hynny'n ddigon amlwg. Nid oedd sôn amdanynt ar lethrau'r mynydd. Gofidiai'n awr iddi roi cyfarwyddiadau mor annelwig iddynt. Byddai Mac wedi maddau iddi am ddweud wrth ffrindie adar fel Ifor a Huw.

A! Dyna lle'r oedd yr hebogiaid. Gwelodd yn gyntaf aderyn mawr llwydlas â bron wen a chrafangau melyn yn hedfan yn ôl ac ymlaen yn ddryslyd o amgylch y clogwyn uchel. A dyna lle'r oedd ei chymar yn hedfan tuag ati a 'cerc-erc-erc' y ddau yn diasbedain drwy'r awyr.

Mae rhywbeth wedi tarfu arnyn nhw, yn siŵr, meddyliodd Cadi. Tybed a oedd y nyth yn dal yno? Yn bwysicach fyth, a oedd ei gynnwys yn dal yno? Daliodd i ddringo a'i phryder yn cynyddu.

Yn sydyn dechreuodd Ben gyfarth a chyfarth.

'Be sy, Ben?'

Neidiodd y ci i fyny dros y creigiau ac o'i golwg. Yr oedd Cadi wedi'i synnu'n fawr. Yna, clywodd waedd egwan.

'Ben!'

Llais Huw! Ond ble'r oedd e? Nid oedd hi wedi dod â gwydrau gan fod un bob un gan y ddau arall. Craffodd ar hyd y bryniau.

'Cadi!'

Dyna fe, eto, a sŵn dagrau yn y llais. Gwacddodd yn ôl,

'Ble'r wyt ti?'

'Ar waelod y clogwyn lle mae nyth yr hebog tramor. Alla i ddim symud.'

Ond ble'r oedd Ifor? Doedd dim amser i feddwl am hynny. Swniai Huw fel petai mewn trybini. Bu bron i Cadi hedfan i fyny'r llechwedd.

'Wy i'n dod!'

Ac yna fe'i gwelodd, yn gorwedd wedi'i rwymo'n dynn.

'Huw!'

Heb ofyn y cwestiynau oedd yn corddi yn ei meddwl dechreuodd Cadi geisio datod clymau'r rhaff. Yr oedd Huw yn crynu gan oerni ac ofn, ac roedd y rhaff wedi cleisio'i arddyrnau a'i goesau'n greulon.

'O! diolch, Cadi. Diolch dy fod ti wedi dod.'

Nid gorchwyl hawdd oedd datod gwaith celfydd Ifor, yr oedd bysedd Cadi'n ddolurus. Ond o'r diwedd yr oedd yn rhydd. Ceisiodd godi ond yr oedd wedi cyffio gormod i symud ar unwaith. Llyfodd Ben ei wyneb yn frwd.

'Ble mae Ifor? Be ddigwyddodd? Na, paid ag ateb. O's 'da ti fflasg yn yr hafersac 'co?'

'Oes.' Yr oedd llais Huw yn wan.

Ond wedi iddo gael ei goffi, fe deimlai'n well, a gallai ddweud y stori wrth Cadi.

'Does dim amser i'w golli,' meddai ar ôl iddo orffen. 'Dydi o ddim wedi cael amser i fynd yn bell iawn. Rhaid i ni ei rwystro fo rywsut rhag cyrraedd y llong 'na.'

Ni welwyd bachgen na geneth yn sleidio i lawr y llech-wedd mor gyflym â Huw a Cadi y diwrnod hwnnw, ond yr oedd Ben ymhell o'u blaenau, ac yn neidio'n gyffrous fel oen yn prancio. Roedd eu dillad wedi'u rhwygo ac yn wyn gan galch y cerrig. Roedd yn wyrth na fu i'r un ohonynt dorri coes neu ysigo migwrn. Ni bu siarad rhyngddynt. Rhaid oedd cadw pob mymryn o anadl at y gwaith o neidio a rhedeg.

O'r diwedd, yr oeddynt wedi cyrraedd y bont fechan ac yn rhedeg ar hyd y ffordd fawr, gan obeithio y byddai rhywun yn dod o rywle ac yn cynnig pàs iddynt. Ond ni ddaeth neb.

Pan ddaethant i olwg Tyddyn Cadno, gwelsant y car melyn yn dal yno. Llonnodd calon Cadi, ond yr oedd Huw mewn penbleth.

'Be mae *o*'n 'i wneud yma?'

Eglurodd Cadi am yr hen gyfeillgarwch oedd rhwng ei lysdad a'i Mam-gu. 'Rhaid 'i fod e wedi aros am damed o ginio. Gwd, fe fydd e'n siŵr o'n helpu ni.'

Ond yr oedd Huw'n amheus. 'Dydi adar ddim yn golygu cymaint â hynny i Medwyn. Ac mae o'n brysur ofnadwy.'

'Rwyt ti'n rong am Medwyn,' ebe Cadi. 'Gei di weld.'

Ac unwaith eto, teimlodd Huw don o gywilydd.

71

Trodd y ddau i fyny'r llwybr a cherdded tua'r bwthyn.

'Mam-gu!' gwaeddodd Cadi o'r drws. 'Mae rhywbeth ofnadw wedi digwydd. Mae Ifor wedi dwgyd cywion yr hebog tramor.'

'Ifor? Pwy yw e?' snapiodd Mam-gu.

Cododd Medwyn ei aeliau mewn syndod. 'Nid yr Ifor sy'n aros acw?'

'Ie,' ebe Huw. 'Rhaid i ni 'i stopio fo, Medwyn, ond dwn i ddim sut.'

Yr oedd llais Huw'n ddagreuol gan ddicter a siom. Nid oedd wedi sylweddoli iddo alw Medwyn wrth ei enw am y tro cyntaf erioed.

'Roedd e wedi clymu Huw 'da rhaff, a bydde fe wedi marw o oerni oni bai i Ben ddod o hyd iddo fe. Lwc i mi fynd ar eu hole nhw mor glou.'

'Dy *glymu* di?' ebychodd Medwyn mewn braw.

'Ie, dishglwch ar 'i gleisie fe.' Cododd Cadi ddwylo Huw i ddangos ei arddyrnau glasgoch, ond nid oedd hwnnw am ffws.

'Twt, dydi hynna'n ddim byd,' mwmiodd.

Ond yr oedd llygaid Medwyn yn fflachio gan ddicter. ''Rhoswch chi i fi gael gafael ar y cnaf!'

Nid oedd Mam-gu wedi gwneud unrhyw sylw. Yr oedd hi'n rhy brysur yn codi'r ffôn ac yn deialo Mac.

'Mae o'n mynd i'r Borth Goch,' ebe Huw. 'Mae 'na bobl ar gwch yno'n aros amdano fo.'

Yr oedd Medwyn wedi cychwyn camu tua'r drws. 'Os yw'r gwalch 'na wedi mynd heb dalu — ' Ni orffennodd y frawddeg ond yr oedd ei wyneb yn ffyrnig. 'Dere, Huw. Bydd gyda ni'n dau bwyth i'w dalu'n ôl iddo fe.'

'Dim ateb,' ebe Mam-gu, gan roi'r ffôn i lawr yn siomedig. 'Fe dreia i 'to yn y man.'

72

'Rŷn ni'n rhy hwyr, wy'i'n siŵr,' dolefodd Cadi. 'Fe fydd e 'mhell ar 'i ffordd i'r Borth Goch erbyn hyn.'

'Dydw i ddim mor siŵr,' ebe Huw. 'Cerdded mae o, cofia. Roedd yn rhaid iddo gerdded yn ôl i'r Carw Du i nôl ei fan.'

Trodd Medwyn wrth y drws.

'Mrs Lloyd, beth am ffonio'r heddlu yn y Borth Goch? Ffordyn glas tywyll sy gydag e. Fe allen nhw 'i ddala fe yn yr harbwr.'

'Ŷch chi'n gwbod rhif y fan?'

Cliciodd Medwyn ei dafod. 'Daro, nagw.'

'Dw i'n gwbod!' gwaeddodd Huw yn gyffrous. 'HWG, yr un llythrennau â'n enw i, Huw Wyn Gruffydd. Alla i ddim cofio'r ffigurau'n iawn, ond roedd 'na 3 yno fo.'

'Digon da, 'machgen i. Cer di nawr, Medwyn.'

Nid oedd Mam-gu am golli amser. Cododd y ffôn i ddeialo 999 gan wneud arwydd brysiog ar y lleill i fynd heb oedi.

'Wy i'n dod 'da chi,' ebe Cadi. 'Gaf fi, Mam-gu?'

Nodiodd Mam-gu. 'Paid â gwneud dim byd dwl, 'na i gyd.'

Brysiodd y tri allan i'r car melyn, a Ben, wrth gwrs, wrth eu sodlau, ond wrth y drws gwaeddodd Cadi'n ôl ar Mam-gu,

'Gwed wrth Mac na *wedes* i ddim yn *gwmws* lle'r oedd y nythod!'

73

6

Os oeddynt wedi gobeithio gweld fan Ifor o flaen y Carw Du, fe gawsant eu siomi. Nid oedd golwg ohoni, dim ond marciau teiars a stribedi bach du o olew i ddangos lle bu.

'Rhy hwyr!' llefodd Huw'n siomedig.

Yr oedd y dafarn wedi'i chau am y pnawn, ond gwelsant fam Huw yn twtio'r borderi yn ymyl y gât a arweiniai i'r cefn. Sythodd pan welodd y car melyn a chododd ei llaw i'w cyfarch. Ond synnodd weld y tri'n dal i aros y tu mewn i'r car. Agorodd Medwyn y ffenest a gweiddi arni,

'Elen, welest ti'r Ifor 'na ffor' hyn?'

Edrychodd Elen Hywel yn syn o glywed y ffyrnigrwydd yn y cwestiwn.

'Do'n tad! Mae o wedi mynd i'r dre.'

'Ers faint?'

'O, ryw ddeng munud yn ôl, ella.'

'Ddim wedi talu, debyg?'

'Na. Pam? Mae o'n dod 'nôl, 'tydi?'

'Mae dowt 'da fi. Welwn ni di nes 'mlân.'

'Hei! Ble 'dach chi'n mynd?'

'Ar ei ôl e, siŵr iawn,' gwaeddodd Medwyn, gan gychwyn y car.

Nid oeddynt wedi mynd ond rhyw bum can llath ar hyd y ffordd fawr pan drodd Medwyn y car yn sydyn i'r dde, ar hyd ffordd gul, serth. Edrychodd Huw'n betrusgar.

'Ble'r wyt ti'n mynd, Medwyn? Nid dyma'r ffordd.'

Chwarddodd Cadi. 'Ma fe'n gwbod am ffordd

gyflymach i'r dre nag ar hyd y ffordd fawr. Dros Graig y Lladron, yntefe, Medwyn?'

'Fuon ni 'rioed ffor' 'ma o'r blaen,' meddai Huw braidd yn amheus.

'Rheswm da pam,' atebodd Medwyn. 'Mae 'da fi fwy o barch i'r car, fel rheol, nag i fentro dros y topie 'ma, ond mae heddi'n wahanol. Gafaelwch yn dynn, chi'ch dau!'

Newidiodd gêr, ond yr oedd ei droed yn isel ar y sbardun, ac i fyny â nhw fel saeth.

Yn wir, yr oedd Medwyn yn llygad ei le. Dim sôn yn awr am ffordd macadam. Tyfai glaswellt yn un llinell drwchus ar y canol, ac yr oedd y ddwy linell arall lle y cyffyrddai olwynion y car yn garegog a lleidiog. Sgrechiai'r peiriant fel y rhuthrent i fyny'r allt a rowndio'r corneli cul. Crafai drain y gwrychoedd yn erbyn ochrau'r car a churai cerrig mân yn erbyn y gwaelod.

Eisteddai Cadi yn y sedd flaen yn gwisgo gwregys; ond yn y cefn, yn ddi-wregys, yr oedd Huw, ac iddo ef yr oedd y daith yn debycach i garlamu ar gefn ceffyl. Yr oedd Ben wrth ei ochr yn cymylu'r ffenest â'i anadl gyffrous. Beth petai rhywun yn dod i'w cyfarfod? Dim lle i basio fan yma. Cymerodd gip dros ysgwydd Medwyn ar y nodwydd cyflymder. Hanner can milltir yr awr, a'r bys yn dal i godi! Doedd dim dichon iddo barhau'n hir ar y cyflymder hwn, oherwydd gwaethygu'r oedd y ffordd, bob cynnig. Bu'n rhaid iddo arafu i ddeugain, ond roedd hynny, hyd yn oed, yn fentrus ar y ffordd yma.

Syllodd Huw ar ddwylo ei lysdad yn gafael yn dynn yn yr olwyn rhag iddi strancio. Edmygai'n fawr ei fedrusrwydd fel gyrrwr. Yn ystod yr hanner awr ddiwethaf

75

yr oedd wedi cael gwedd newydd arno, a rhyw glos-
rwydd wedi dechrau tyfu rhyngddynt. Ac yn wir, roedd
ganddo syniad fod Medwyn yn cael hwyl ar yr helfa ar
draws gwlad fel hyn, a'i fod wedi troi'n fachgen ifanc
unwaith eto. Diflannodd yr ysgolfeistr sarrug ac yn ei le
daeth anturiaethwr brwd.

Teimlai Huw awydd i'w holi ynglŷn â'r wyau yn y
bocs yn y cwpwrdd, ond yna newidiodd ei feddwl. Nid
dyma'r amser. P'run bynnag, daliai tonnau o euog-
rwydd i ddod drosto wrth feddwl am ei amheuon,
gynnau.

Ond yr oedd un cwestiwn yn ddigon hawdd i'w ofyn,

'Medwyn, wyt ti'n meddwl mai Ifor newidiodd yr
wya roedd Lomax wedi'u dwyn?'

'Digon posib. Os felly, mae gyda fe ysbail go werth-
fawr heddi, rhwng yr hebog tramor a'r barcud.'

'Dyna, felly, beth oedd o'n 'i neud pan welis i o y tro
cynta. AW — !'

I osgoi carreg fwy nag arfer yr oedd Medwyn wedi
gwyro'n sydyn i'r chwith gan hyrddio Huw yn erbyn y
drws. Ond fel Dai Llewelyn ar rali enbytaf y byd, yr
oedd wedi sythu ar unwaith a'r pedair olwyn yn ôl yn
dwt ar y llwybr.

'O.K., Huw?'

'O.K.,' mwmiodd hwnnw gan deimlo'i ben.

'Gobeithio fod Mam-gu wedi gallu siarad â Mac,' ebe
Cadi ar ôl ysbaid o dawelwch.

'A'r polîs hefyd.'

'Ie, ond fe fydd yn well os bydd Mac yno. Ma fe wedi
arfer 'da lladron wye. Ma 'da fe lond gwlad o storïe
amdanyn nhw.'

'Bydd gyda ninne hefyd,' ebe Medwyn, gan ychwan-egu rhwng ei ddannedd, 'os down ni mâs o hyn yn gyfan.'

Ac, yn wir, dal i ddringo yr oeddynt, a'r creigiau o'u hamgylch yn awr fel dannedd drwg yng ngheg rhyw gawr anhysbys. Dim rhyfedd iddynt ei galw'n Graig y Lladron. Roedd lle da i ladron yma. Beth petai'r car yn torri i lawr? Faint oedden nhw'n ennill drwy ddod ar hyd ffordd mor arw? Ond yr oedd Medwyn a Cadi'n gwybod eu pethe, reit siŵr. Ceisiodd Huw ymlacio.

O'r diwedd yr oeddynt ar dir mwy gwastad ac yna disgynnai'r ffordd i ganol coedwig drwchus.

'Lap ola,' ebe Medwyn. Ei dro ef i ymlacio yn awr, gan fod y ffordd wedi ymledu ychydig, a chyn bo hir yr oedd digon o le i ddau gar basio'i gilydd, gyda gofal.

'Lawr â ni i'r ffordd fawr. Mi wn i am le cyfleus wrth yr harbwr i barco'r car — a chadw llygad ar y ceir sy'n dod i gwrdd â'r llonge.'

Edrychodd Cadi ar ei wats. 'O! brysiwch, brysiwch, Medwyn! Mae hi'n bum munud wedi pedwar.'

Trodd Medwyn ei ben am eiliad i wenu arni. Yr oedd ei lygaid yn pefrio. 'Paid â becso, bach. Rŷn ni'n siŵr o'i ddala fe.'

Fe swniai mor sicr fel y cysurwyd y ddau arall. Hedodd y car melyn i lawr y ffordd a oedd mor ddroellog â thynnwr corcyn, ond o'r diwedd, yr oeddynt allan o'r goedwig. Daeth tŷ neu ddau i'r golwg, ac yn awr yr oeddynt yn troi i mewn i'r ffordd fawr.

'Borth Goch, milltir a hanner!' gwaeddodd Huw wrth weld yr arwydd. 'Tipyn o ffordd eto.'

'Rŷn ni wedi arbed cwarter awr, o leia,' cysurodd Medwyn ef.

Ond yr oedd rhwystr annisgwyl ar y ffordd.

'Go drap!' ebychodd Medwyn.

O'u blaenau yr oedd croesfan-drên agored, a'r goleu-adau rhybuddiol wedi dechrau wincio. Bu raid i Medwyn arafu a stopio.

Yn sydyn, fel bwled, yr oedd fan las wedi saethu heibio iddynt a chroesi'r lein yn union fel y disgynnai'r barier electronig.

'Y ffŵl gwirion!'

Canodd Medwyn ei gorn yn uchel, fel seiren, ond yr oedd y fan allan o grafangau'r barier, ac yn diflannu i lawr y lôn fawr. Y funud nesaf, taranodd y trên heibio.

'O!' ebychodd Cadi, 'fe alle fe fod wedi câl 'i ladd.'

'Rhaid bod adar ac wye'n talu'n dda iddo fe fentro'i fywyd felna,' sylwodd Medwyn. ''Sgwn i a welodd e Huw? Os do, fe fydd yn gwbod ein bod ni ar 'i ôl e.'

'Fe âth fel cath i gythrel,' ebe Cadi. 'Chafodd e fawr o amser i sylwi ar neb.'

Yn araf, yn rhy araf o lawer, cododd y barier a dyma nhw'n croesi'r lein yn ddiogel. Ond roedden nhw wedi colli amser gwerthfawr, ac wrth iddynt nesu at y dre, roedd yn rhaid i Medwyn ofalu nad oedd yn gyrru'n ormodol dros y cyflymdra a oedd yn gyfreithlon. Byddai'n ofnadwy pe baent yn cael eu hatal gan y polîs yn union rŵan.

I osgoi traffig y briffordd, yr oedd Medwyn wedi dechrau troi i lawr stryd ochr pan waeddodd Cadi,

'Stryd un-ffordd! Chi'n mynd ffor' rong!'

Clywsant Medwyn yn rhegi dan ei anadl. Yr oedd popeth yn mynd yn eu herbyn! Baciodd y car i'r stryd fawr, gan obeithio na fyddai plisman yn sylwi. Bu'n rhaid cropian ymlaen wedyn tu ôl i res hir o geir, cyn medru troi.

Yr oedd y tyndra'n annioddefol.

Ond o'r diwedd daethant i olwg y môr ac ugeiniau o gychod yn siglo'n ddiog yn yr harbwr. Edrychai pobman mor dawel! Anodd credu fod lladron yn llechu yn y bae heddychlon hwn.

'Diolch byth! Mae'r llanw mâs,' ebe Medwyn. 'Allan nhw ddim hwylio am roi orie.'

'Ond ble mae fan Ifor?'

Dim golwg ohoni ar y stryd yn arwain i'r harbwr nac yn y lle parcio ger y cei. Teimlai'r tri'n rhwystredig ar ôl y rhuthro mawr. Beth nawr?

'Oes 'na harbwr arall?' holodd Huw mewn llais bach, petrusgar.

Ysgydwodd Cadi ei phen. 'Ddim fan hyn. Ma 'na fae bach ryw dair milltir i ffwrdd. Bydd cychod bach yn glanio fanny weithie.'

Tair milltir! Os mai dyna oedd cyrchfan Ifor, byddai wedi cael mwy na digon o amser i gyrraedd ei gomplis, cyfnewid cywion ac wyau am ei wobr ysgeler, a'i heglu hi yn y fan las yn ôl i ble bynnag y daeth.

Ond yr oedd Medwyn yn benderfynol mai yma roedd eu prae.

'Nid am gwch bach rŷn ni'n chwilio. Rhywbeth tebycach i iot, 'swn i'n meddwl. Ac mae'n rhaid i'r rheiny ddod i'r harbwr. Wneith bae bach mo'r tro.'

'Oni bai bod yr iot allan yn y bae a'u bod nhw'n defnyddio cwch i gyrraedd ati,' ebe Cadi yn ddigalon.

Roedd hynny'n bosib, wrth gwrs. Syllodd y tri ar ei gilydd mewn siom.

Ond yn sydyn, sylwodd Huw ar ŵr a gwraig yn cerdded ar hyd y cei. Gwisgai'r dyn gap fforej am ei ben, a siersi ddu fel llongwr. Cerddai'r wraig ryw ddwylath y tu ôl iddo. Gwisgai sgert a siwmper gyffredin ond am ei phen yr oedd rhyw fath o orchudd du.

'Medwyn,' sibrydodd Huw'n frysiog, 'sbïa ar y ddau acw.'

Edrychodd Medwyn mewn penbleth. 'Beth amdanyn nhw?'

'Sbïwch ar y ffordd maen nhw'n cerdded — y ddynes y tu ôl i'r dyn. Dw i wedi gweld rhai felly yng Nghaer-dydd. Arabiaid ydyn nhw!'

Nid oedd gan yr un o'r ddau groen tywyll iawn, ond eu llygaid a fradychai eu tras — llygaid mawr du a chysgodion tywyll o'u cwmpas.

'Mae'r ddynes bob amser yn gorfod cerdded y tu ôl i'w gŵr,' ebe Huw'n gyffrous. 'Ges i wybod hynny yn yr ysgol.'

'Wrth gwrs!'

Yr oedd Medwyn wedi agor drws y car. Dringodd allan a sefyll yno'n gwylio'r pâr.

'Mi fuo 'na Arab yn holi am Ifor ar y ffôn. Dach chi'n cofio?'

'Argoel!' ebychodd Cadi, 'mae'r Arabiaid yn talu arian mawr am hebogiaid.'

'Felly, *maen* nhw yma,' ebe Medwyn. 'Peidiwch â rhythu'n ormodol arnyn nhw, ond gwyliwch i ble'r ân nhw.'

Yr oedd y ddau'n cerdded yn araf i gyfeiriad cwch mawr ym mhen pella'r harbwr. Nid oedd baner yn cyhwfan o ben hwylbren y cwch hwn fel ar y rhelyw o gychod eraill. Yr oedd rhywbeth dirgel, distaw yn ei gylch, a'i baent brown tywyll yn wahanol iawn i liwiau llawen y cychod eraill.

'Huw! Paid â mynd yn rhy agos!' archodd Medwyn, oherwydd yr oedd hwnnw wedi rhuthro ymlaen i gael golwg well ar y cwch. Neidiodd Ben ar ei draed a dechrau cyfarth.

'Ben!' dwrdiodd Cadi, 'bydd ddistaw!'

'Treia di gadw o'r golwg rhag ofn y daw Ifor o rywle,' rhybuddiodd Medwyn. 'Os gwêl o Cadi a fi, dydi hynny ddim mor bwysig.'

Yr oedd hyn yn anodd i Huw, ond rhaid oedd ufudd-hau i Medwyn.

Diflannodd yr Arabiaid i lawr y gangwe.

''Rhoswch chi'ch dau yma,' ebe Medwyn. 'Dw i'n mynd ar 'u hole nhw.'

'O! byddwch yn ofalus!' plediodd Cadi.

'Dw i'n dod hefyd,' mynnodd Huw.

'Nag wyt ti ddim, 'rhen ddyn. Rwyt ti wedi cael digon o gosfa am un diwrnod. Aros di gyda Cadi a Ben. Hwyr-ach bod y ddau yna'n hollol ddiniwed. Bydd yn rhaid i mi feddwl am esgus reit dda, rhag ofn. Ond fe ddylai'r polîs fod yma mewn munud.'

Syllodd Cadi a Huw ar ei gefn fel y camai ar draed ysgafn tua'r cwch. Aethant yn ôl i eistedd ar garreg ger y car, heb fod yn rhy amlwg i'r bobl a âi heibio ond mewn lle manteisiol i weld popeth.

Yr oedd Ben yn ymwybodol iawn o'r cyffro ac yn an-fodlon ufuddhau i archiad Cadi iddo orwedd. Fe'i clym-odd â'i gadwyn wrth bostyn rhag ofn iddo ddifetha popeth.

Yr oedd yr aros yn waeth na dim. Ni siaradodd y ddau â'i gilydd am sbel, dim ond hoelio llygaid trwblus i gyfeiriad yr iot. O'r diwedd, lleisiodd Cadi'r hyn a fu yn meddwl Huw.

'Mi ddyle Ifor fod wedi cyrraedd ymhell cyn hyn. Beth os yw e ar y cwch eisoes?'

Yr oedd ei llygaid yn llawn pryder dros Medwyn.

'Os ydi Ifor yno,' mwmiodd Huw, 'mi fydd hi'n ddrwg ar Medwyn.'

Cododd, yn ansicr beth i'w wneud yn awr. 'Mae'r polîs yn hir.'

Ond cyn iddo fedru penderfynu beth i'w wneud, dyma sŵn peiriant modur yn dod i'w clustiau, a chyda'i stŵr arferol trodd y fan las i mewn i'r cei.

'Beth gadwodd e cyhyd?' sibrydodd Cadi.

'Y fan wedi torri i lawr, ella. Mae'n ddigon rhydlyd.'

'O, diar!' anadlodd Cadi'n angerddol, 'paid ag oedi rhagor, Medwyn. Dere mâs o'r cwch 'co cyn iddo fe gyrraedd!'

Ond yr oedd Ifor wedi gyrru'r fan hyd at ymyl y cob, wedi neidio allan ac agor y cefn. Fe'i gwelsant yn tynnu'r blychau allan ac yn rhedeg â hwy, yn llond ei hafflau, i lawr y gangwe.

'Fedrwn ni ddim gadael Medwyn yna ar 'i ben 'i hun,' sibrydodd Huw. 'Dw i'n mynd ar 'i ôl o.'

Nid oedd Cadi am gael ei gadael ar ôl.

'Wy inne'n dod hefyd. Ond beth am Ben?'

'Rhaid iddo fo aros yma,' ebychodd Huw'n bendant. 'Mi fydd ar y ffordd ar y cwch.'

Bu'n rhaid i Cadi gytuno'n anfodlon.

''Sa fanna, Ben bach,' sibrydodd. 'Gwarchod y car!'

Yna dilynodd Huw tua'r cwch brown. Ar flaenau eu traed, camodd y ddau i lawr y gangwe. Nid oedd golwg o neb o gwmpas. Yr oedd pobman yn dawel. O'u blaenau yr oedd drws caban. Aeth Huw yn nes a gosod ei law ar ddwrn y drws. Fe drodd yn rhwydd. Agorodd y drws yn araf. Yr oedd wedi rhoi un cam i mewn a Cadi wrth ei gwt pan rewyd nhw i'r fan gan lais o'r tu ôl.

'Dau fach fusneslyd arall, felly!'

Trodd y ddau i weld Ifor yn sefyll y tu ôl i'r drws yn crechwenu arnynt.

'Wel, wel, Hwdini bach, rhaid 'i fod o'n licio cael ei glymu. Ti wedi dŵad am chwaneg, wyt?'

Yr oedd yr Arab a welwyd gynnau yn prysur godi'r gangwe.

'Ble mae Medwyn?' gwaeddodd Huw.

O'r tu mewn i'r caban daeth sŵn pŵl fel rhywun yn ceisio gweiddi drwy fwgwd.

'Medwyn!'

'Cer i mewn ato fo. Ie, chdithe hefyd, Cadi fach. Mi gei di ddôs o'i ffisig o, os leci di.'

Wrth graffu i'r tywyllwch gwelodd y ddau arall fod Medwyn wedi'i glymu mewn cadair a bod gag yn ei geg. Safai dau ddyn yn ymyl, un yn dal ffon, yn amlwg yn barod i'w defnyddio. Yr oedd Ifor wedi cloi'r drws y tu ôl iddo.

'Mae'n ddrwg gen i am ddulliau braidd yn angharedig fy ffrindie,' meddai. 'Maen nhw'n credu mewn cosbi pobol fusneslyd.'

Yna meddai yn Saesneg wrth yr Arab, 'Does dim rhaid defnyddio'r *rough stuff* ar y ddau yma, Ahmed.'

Ahmed! Y dyn fu ar y ffôn!

'*Only if they bad*,' atebodd hwnnw'n fygythiol.

'Be dach chi'n mynd i neud efo ni?' holodd Huw'n betrusgar.

'Mae hynny i fyny i'm ffrindie. Nhw bia'r cwch. Nhw bia dweud.'

Yr oedd Medwyn yn gwneud sŵn gwyllt, diymadferth. Chwarddodd Ifor.

'Arnat ti roedd y bai yn gweiddi mwrdwr.'

Trodd at Huw. 'Maen nhw'n dda am ddysgu gagio yn yr S.A.S., yn tydyn nhw? Roeddet ti hyst â marw isio gwbod be oedd 'y ngwaith i, yn doeddet? Roedd bod yn yr S.A.S. yn ymarfer da ar gyfer dringo mynyddoedd peryglus. Fe ddylet ti 'i dreio fo.'

Rhoddodd bwniad bach i Huw yn ei frest. Wyddost ti 'mod i wedi dringo polion trydan tri chan troedfedd o uchder i gael wyau'r cudyll coch, a dw i wedi disgyn pedwar can troedfedd i lawr clogwyni i gyrraedd nythod adar y môr.'

'Ond pam, Ifor?' gofynnodd Huw.

'Bydd rhai pobl yn mentro ugain mlynedd o garchar wrth ddwyn o fanc. Mi fydda i'n cael yr un pleser allan o nythod.'

'Dwedwch wrthyn nhw am dynnu'r peth 'na o geg Medwyn,' crefodd Cadi, braidd yn ddagreuol.

Ni chymerodd neb sylw. 'Faint ŷch chi'n mynd i'n cadw ni yma?' erfyniodd wedyn.

Edrychodd Ifor ar ei wats. 'Pump o'r gloch rŵan. Faint tan y llanw, Ahmed?'

Atebodd hwnnw, 'Ymhen hanner awr.'

'Ac i ble wedyn?' holodd Huw.

'O! awn ni ddim â chi'n rhy bell. Ryw ugain milltir i lawr yr arfordir. Dydan ni ddim yn gas. Fe rwyfwn ni chi i gilfach fach dawel, a'ch gadael chi yno. Fe gym'rith amser i chi ffonio'ch ffrindie, ac erbyn hynny fe fyddwn ni ymhell bell i ffwrdd. A gyda llaw, Huw, mi gedwais f'addewid i ffonio'r Carw Du, ond doedd dim ateb. Y cwbwl wnes i oedd colli amser.'

'Beth am y fan?' holodd Cadi'n chwilfrydig.

Chwarddodd Ifor eto. 'Beth ydi hen siandri o fan pan fo miloedd o bunnau yn y god? Mi gei di'r fan, Cadi, er cof amdana i. Gobeithio na fydd hi wedi rhydu'n ormodol erbyn i ti gyrraedd oed gyrru!'

Yn sydyn, fferrodd pob un wrth glywed sŵn cyfarth mawr ac yna lais yn gweiddi drwy fegaffon,

'Heddlu'r Sir sydd yma! Rŷn ni am archwilio'r cwch yma. Gollyngwch y gangwe, os gwelwch chi'n dda!'

'Cychwynnwch yr injan!' gwaeddodd Ifor.

'Help!' gwaeddodd y ddau blentyn gyda'i gilydd.

'Yr injan!' ysgyrnygodd Ifor.

'*Not possible. Tide too low.*'

'Ffŵl!'

Rhuthrodd Ifor am gaban yr injan. Cyn bod y ddau Arab yn sylweddoli beth oedd yn digwydd, daeth sŵn yr injan yn sboncio'n fyw ac ysgydwyd pawb ar y cwch gan lywio anghelfydd Ifor.

Rhedodd Ahmed i ymaflyd yn yr olwyn ac i geisio diffodd y peiriant. Bu troi a throi rhwng y ddau ond yr oedd y dyn S.A.S. yn gryfach. Yn sydyn, rhwygwyd y llong drwyddi gan gryndod aruthrol o'r blaen i'r stern. Bytheiriodd Ahmed yn ei iaith ei hun. Yna, '*You crazy! Boat on sandbank*!'

Rhuthrodd Huw am y drws, ond yr oedd yn dal dan glo. Daeth y wraig i'r golwg yn ofnus, ac wrth i Medwyn geisio codi ar ei draed, tarawyd ef ar draws ei wyneb gan ei gŵr. Trwy hyn i gyd, yr oedd Ifor ac Ahmed yn dal i gega ar ei gilydd.

Yna clywodd pawb sŵn traed yn neidio i lawr ar y dec,

a chlo yn cael ei dorri yn nrws y caban. Taflwyd y drws ar agor a dyna lle'r oedd tri phlisman a gŵr arall mewn siersi wen a chap gwlân am ei ben.

'Mac!' gwaeddodd Cadi a rhuthro i'w gofleidio. Yna clywodd gyfarch cyfarwydd, a dyna lle'r oedd Ben yn neidio i'w llyfu. Nid oedd cadwyn amdano. Yr oedd yn ddiogel yn llaw Mac.

'I hwn mae'r diolch am ddod o hyd i chi,' ebe Mac. 'Wyt ti'n iawn, bach?'

'Ydw, nawr,' ebe Cadi gan ofleidio Ben yn glòs. Yr oedd un o'r plismyn yn prysur dynnu'r gag o geg Medwyn, ac yn datod ei rwymau. Cododd hwnnw ar ei draed yn boenus, wedi cyffio'n lân.

'Diolch byth i chi ddod mewn pryd. 'Tae'r dihirod wedi cam-drin y plant — '

Yr oedd yr Arolygwr yn dweud wrth Ifor a'r Arabiaid yn ffurfiol,

'Mae gennym le i gredu fod gennych gywion ac wyau ar fwrdd y llong yma. Rhaid i ni ei harchwilio.'

Ni symudodd y llongwyr. Ond gydag ystum ei fod wedi colli'r frwydr, meddai Ifor,

'Popeth yn iawn, Inspector. Mi arbeda i amser i chi. Maen nhw yn y caban canol.'

Amneidiodd yr Arolygwr ar i un o'r plismyn fynd i chwilio'r caban tra cadwai'r lleill eu sylw ar y dynion rhag iddynt geisio dianc. Daeth y plisman yn ôl ar unwaith yn cario'r blychau. Clywsant siffrwd cywion bach yn un ohonynt, ac ar unwaith cymerodd Mac feddiant ohono.

Yr oedd yr Arolygwr yn dal i fod yn ffurfiol.

'Rhaid i mi ofyn i chi ddod gyda mi i'r stesion, y tri ohonoch.'

Dechreuodd y wraig riddfan crio, ond ni chymerodd ei gŵr sylw ohoni. Yr oedd yn ceisio egluro yn ei Saesneg gwael mai llongwr yn unig oedd ef, yn cario cargo ar archiad ei feistri, a'i fod yn hollol ddieuog o unrhyw drosedd.

'Mi gaiff y llys benderfynu hynny,' ebe'r Arolygwr.

Wrth basio heibio i Huw ar ei ffordd allan, daliodd Ifor ei law allan. 'Ti sy wedi ennill, Hwdini. Oni bai 'mod i wedi gwastraffu amser yn treio ffonio i ddweud lle'r oeddet ti ar y mynydd, mi fyswn i 'mhell bell erbyn hyn. Calon rhy feddal. Dyna 'ngwendid i!'

Wrth weld amharodrwydd Huw i ysgwyd llaw, gwenodd yn fin-gam. 'Hwyrach y cawn ni gyfarfod eto, achos dw *i*'n hoff o adar hefyd, 'sti.'

Chwarddodd yn uchel eto, ac meddai wrth y cwmni i gyd,

'Ond 'mod i'n fwy hoff o arian!'

7

'Roeddech chi'n mentro'n arw, Mr Hywel, yn rhuthro ar y cwch yna fel y gwnaethoch chi.'

Ond tinc o edmygedd yn hytrach na cherydd oedd yn llais Mac. Yr oeddynt yn eistedd ym mharlwr clyd y Carw Du, ychydig oriau ar ôl eu hantur gyffrous. Eisteddai Huw a Cadi bob ochr i Medwyn a gorweddai Ben wrth eu traed. Mewn cornel arall eisteddai Mam-gu a'i llygaid bach glas yn pefrio'n gynhyrfus. 'Nawr fod pawb yn ddiogel, roedd hi'n mwynhau clywed am bob munud o'r antur.

'Mae'n rhaid bod yn ffôl weithiau,' oedd ateb

Medwyn. Ac ychwanegodd ar ôl saib fer, 'Hwyrach na fûm i ddim digon anturus yn y gorffennol.' Yna trodd i wincio ar Huw. Llifodd teimlad cynnes dros y bachgen oherwydd yr arwydd hwn o gyd-ddealltwriaeth newydd rhyngddynt.

Cerddodd Elen Hywel i mewn gyda basned o gawl poeth i bawb. Gwelodd y winc a daeth gwrid o bleser i'w gruddiau.

'Oeddech chi'n deud fod Ifor wedi treio'n ffonio fi?'

'Wel, dyna *ddeudodd* o,' ebe Huw a'i lais yn llawn amheuaeth. Onid oedd Ifor wedi dweud celwyddau o'r dechrau'n deg?

'Fe allai fod wedi gneud hefyd. Rown i allan yn yr ardd yn tocio'r hen goed rhosod yna. Glywis i'r ffôn, ond erbyn i mi gyrraedd, roedd hi wedi peidio.'

'Mae'n dda, felly, nad oeddet ti mewn pryd,' ebe Medwyn. 'Fe fydde fe wedi cael gwbod wedyn ein bod ni ar 'i drywydd e, ac fe alle fe fod wedi dianc yn hawdd.'

Ond teimlai Huw beth o'i hen gynhesrwydd tuag at Ifor yn dod yn ôl. Roedd o *wedi* treio gofalu amdano yn y pen draw, felly, ac mi *fuo* hyn yn achos tramgwydd iddo.

'Fydde fe ddim wedi cael dianc yn bell iawn.'

Edrychodd pawb ar Mac.

'Roedden ni wedi'i ame fe ers talwm.'

'Oeddech chi'n 'i nabod e, Mac?' gofynnodd Cadi mewn syndod.

'Roedd e'n un o wirfoddolwyr y Gymdeithas Gwarchod Adar.'

'O! fe ddwedodd o hynny,' ebychodd Huw, yn falch fod ei gyn-ffrind wedi dweud y gwir am hynny, hefyd. Yna, fe gofiodd rywbeth arall.

'Yn Henffordd roedd o'n byw, yntê? Ydi canolfan yr S.A.S. yn Henffordd?'

'Ydi. Ond yr oedd Ifor wedi gorfod ei gadael o dan amgylchiadau tra amheus. Mae rhyw dro rhyfedd yng nghynffon y gwalch.'

'Rhaid i mi ddweud — roedd y polîs braidd yn hwyr yn cyrraedd. Rown i'n dechre meddwl 'i bod hi ar ben arna i.' Yr oedd llais Medwyn braidd yn geryddgar.

'Fe es i drwodd atyn nhw ar unweth,' ebe Mam-gu, 'ac yna atoch chi, Mac.'

'Ie, wel, roedd yn rhaid iddyn nhw gael gwarant gan ynad yn gyntaf cyn medru byrddio'r cwch. Ac roedd yn rhaid i mi gael amser i gyrraedd. Heblaw hynny, cof-iwch fod y llanw allan; allai'r cwch ddim hwylio am beth amser, felly roedd pawb yn meddwl bod y prae'n ddigon sâff.'

Yna ychwanegodd, gan droi'n ddireidus at Medwyn, 'Wrth gwrs, doedden ni ddim wedi ystyried y byddai ditectif arall wedi mentro i ffau'r llewod wrth ei hunan!'

Yr oedd Ben wedi codi ac wedi rhoi ei bawennau blaen ar ben-glin Cadi, cystal â dweud, 'Rydw *i* yma hefyd!'

'Erbyn i ni gyrraedd y cob,' ebe Mac 'roedd yna gyn-ifer o gychod yno fel nad oedd gan neb syniad pa un oedd yr un yr oedden ni'n chwilio amdano. Ar unwaith dyma fi'n clywed sŵn cyfarth, a dyna lle'r oedd Ben yn tynnu yn ei gadwyn fel rhywbeth mâs o'i go. Roedden ni'n nabod ein gilydd, on'd oedden ni, 'rhen gi?'

Ond yr oedd Ben yn rhy brysur yn ceisio llyfu wyneb ei feistres.

'Fe wyddwn i ar unweth y bydde *fe*'n gallu'n harwain ni at y cwch iawn, felly mi ollyngais y gadwyn yn rhydd. Roedd e bant fel fflach i gyfeiriad y cwch brown.'

Cofleidiodd Cadi ei chi'n dynn. 'Diolch i ti, Ben,' sibrydodd.

Ac fe aethon ni â'r cywion yn ôl i'r nyth,' meddai Mac. 'Medwyn aeth â nhw i lawr i'r nyth ar y rhaff, a phan edrychon ni drwy'r gwydre, roedd yr hen adar wedi dychwelyd i'r nyth ac wrthi'n bwydo'r cywion. Mi fyddan nhw'n ddiogel, nawr.'

Wedi iddynt fynd a gadael Medwyn, Huw a'i fam gyda'i gilydd, teimlai Huw braidd yn fflat. Bu cymaint o gynnwrf yn ystod y dydd ac yna roedd y tawelwch arferol wedi disgyn.

Yr oedd hi'n amser agor y dafarn am y noson. Ond cyn iddo fynd drwodd i'r bar, gafaelodd Medwyn yn ysgwydd Huw.

'Fe wn i shwd wyt ti'n teimlo, 'rhen ddyn. Roeddet ti'n hoff o Ifor, on'd oeddet ti?'

Nodiodd Huw ei ben heb fedru ateb, a rywsut yr oedd dagrau yn sboncio yn ei lygaid.

'Peth mawr yw cael dy siomi yn dy ffrindie. Ond mae 'na ddrwg a da ym mhob un ohonon ni, ti'n gwbod. Os ŷn ni'n disgwl gormod, rŷn ni *yn* cael ein siomi weithie. Rhaid cofio'r pethe da am bobol. Mae hi'n wers anodd i'w dysgu, on'd yw hi?'

Ond er y sôn am 'wers' nid oedd llais Medwyn yn ysgolfeistraidd yn awr, ond yn llawn cynhesrwydd. Gwenodd Huw arno drwy ei ddagrau.

'Mi *ges* i'n siomi yn Ifor. Ond fel arall roedd hi efo chdi, Medwyn. Siomi o'r ochr orau!'

A thro Huw oedd hi i wincio rŵan.